ALFONS SCHUHBECK

# KULINARISCHE GESCHICHTEN

Lieblingsrezepte zum
Nachkochen und Nachlesen

# INHALT

| | |
|---|---|
| Vorwort | 4 |
| Vorspeisen & Salate | 6 |
| Suppen & kleine Gerichte | 30 |
| Geflügel & Fleisch | 56 |
| Süßes & Desserts | 88 |
| Drinks | 108 |
| Register | 128 |
| Wegweiser zur Sendung | 132 |

# Geschichten vom Koch

Heute ist ein historischer Moment, denn heute schreibe ich (Koch-)Geschichte – und zwar koche ich Gerichte mit Geschichte. Hätten Sie das gewusst? Das Carpaccio: erfunden in Venedig. Der Hotdog: sein Vater ein Bayer. Das Cordon bleu: geboren auf dem Meer. Nicht immer kann man jedoch so eindeutig sagen, wer was und genau wann erfunden hat. Denn der Erfolg kennt viele Väter und ein erfolgreiches Gericht mindestens genauso viele Köche. Deshalb handelt es sich bei manchen Gerichten mit Geschichte nur um Gerichte mit Gerüchten.

Zum Beispiel die Weißwurst. Jahrzehntelang hat man geglaubt, sie sei aus Versehen in der Gaststätte „Zum Ewigen Licht" erfunden worden. Daran gibt es mittlerweile große Zweifel, und es ist sogar gut möglich, dass diese Münchner Nationalwurst ursprünglich eine Bockwurst war. Aber für echte Bayern kommt es noch schlimmer: Der Leberkäse stammt aus der Pfalz und das Reinheitsgebot wurde nur deshalb erlassen, um die bis dato übliche Panscherei mit Mohn, Tollkirschen und Fliegenpilz zu unterbinden.

Dafür bin ich bei meinen Recherchen auf so manchen Bayern gestoßen, der tatsächlich kulinarische Weltgeschichte geschrieben hat – auf den Anton Ludwig Feuchtwanger zum Beispiel, das ist der Bayer mit dem Hotdog.

Aber keine Angst, weil grau ist alle Theorie, und deshalb wird in meinem Bücherl hauptsächlich gekocht. Bayerische Nationalgerichte genauso wie Klassiker der Weltgeschichte – dazu jede Menge G'schmackiges quasi aus der Neuzeit: vom Rinderfilet „Pavarotti" bis hin zum „Elvis"-Sandwich, von den Spaghetti „Sophia Loren" bis zum Sauerbraten „Jupp Heynckes". Und eines kann ich versprechen. Diese Gerichte schreiben noch mal Geschichte. Weil sie einfach nachzumachen sind und saugut schmecken.

Euer Alfons

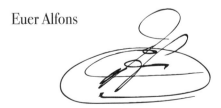

# VORSPEISEN & SALATE

Von Carpaccio bis zu Dips, vom Bismarckhering bis zum Caesar Salad – die Vorspeise ist bei einem Menü genauso wichtig wie der erste Zug beim Schach. Gelingt die Eröffnung nicht, dann hat es der Koch schwer, seine Gäste zu überzeugen. Brot und Suppe gab es früher in Deutschland als Vorspeise, Pane e Coperto (Brot und Gedeck) stehen heute noch für die Hungernden in Italien bereit und werden zum Ärgernis vieler Gäste immer noch mit einem finanziellen Sondertribut belegt. Die Geschichte kennt aber weitaus raffiniertere Gerichte, lauter feine Schachzüge für den perfekten Genuss.

# Carpaccio mit Zitronenschmand

**4 PERSONEN**

**FÜR DEN SCHMAND**
70 g Schmand
1 Spritzer Zitronensaft
abgeriebene Schale von
1 unbehandelten Zitrone
½ TL Dijon-Senf
mildes Chilisalz (siehe Tipp)
Zucker

**FÜR DAS CARPACCIO**
400 g Rinderfilet
Öl für die Folie
1–2 EL Zitronensaft
5 EL mildes Olivenöl
Salz · Pfeffer aus der Mühle

**AUSSERDEM**
4 Wachteleier · 4 Kapernäpfel
4 getr. Tomaten
(in Öl; abgetropft)
1 Handvoll kleine Salatblätter
(z.B. Frisée und Rucola)
8 Perlzwiebeln
(in Lake; abgetropft)
8 Sardellenfilets
(in Öl; abgetropft)
einige Kalamata-Oliven
(ohne Stein)

## ZUBEREITUNG

**1** Den Schmand mit Zitronensaft, Zitronenschale und Senf glatt rühren. Alles mit Chilisalz und 1 Prise Zucker würzen und in einen Spritzbeutel mit kleiner Lochtülle füllen.

**2** Die Wachteleier in kochendem Wasser etwa 3 Minuten hart kochen, kalt abschrecken, pellen und halbieren. Die Kapernäpfel halbieren, getrocknete Tomaten in 1 bis 1 ½ cm große Stücke schneiden. Die Salatblätter verlesen, waschen und trocken schleudern.

**3** Für das Carpaccio das Rinderfilet mit einem scharfen Messer erst in etwa 1 cm dicke Scheiben, dann in etwa 1 ½ cm große Quadrate schneiden. Die Filetscheiben mit ausreichend Abstand zueinander zwischen zwei Lagen geölte Frischhaltefolie legen und mit der flachen Seite des Fleischklopfers oder dem Plattiereisen gleichmäßig dünn klopfen.

**4** Zitronensaft und Olivenöl verrühren, vier flache Teller mit etwas Olivenöl-Zitronensaft-Mischung bestreichen und mit Salz und Pfeffer bestreuen. Die dünnen Filetscheiben leicht überlappend auf den Tellern anrichten, mit der restlichen Olivenöl-Zitronensaft-Mischung bestreichen und nochmals mit Salz und Pfeffer würzen.

**5** Zum Servieren den Zitronenschmand mithilfe des Spritzbeutels in Schlangenlinien über das Carpaccio ziehen. Zuletzt alles mit Wachteleiern, Kapernäpfeln, getrockneten Tomaten, Perlzwiebeln, Sardellen, Oliven und Salatblättern garnieren.

## Tipp

Eines meiner meistverwendeten Gewürze – das milde Chilisalz – können Sie zu Hause ganz leicht selbst herstellen: einfach 1 EL feines Meersalz mit 1 gestrichenen TL milden Chiliflocken (ohne Kerne) mischen.

## Klassiker aus Venedig

Das Rindvieh als Rohkost. Auf diesen Gedanken muss man erst einmal kommen. Vielleicht muss man dazu in der Lagune von Venedig sitzen, umgeben von Salzwasser, Fisch und Muscheln, um hauchdünnes, rohes Rinderfilet mit ein wenig Zitrone zu marinieren und zu servieren. Giuseppe Cipriani, Besitzer von Harry's Bar in Venedig, jedenfalls hat es anno 1950 getan. Angeblich deshalb, weil ein Stammgast von ihm, die hochwohlgeborene Contessa Amalia Nani Mocenigo, ein gesundheitliches Problem mit gekochtem Fleisch hatte. Klingt unlogisch, war aber wohl tatsächlich so. Da Cipriani ein großer Fan der bildenden Kunst war, benannte er seine Kreation nach dem italienischen Maler Vittore Carpaccio (1465–1525), der eine Vorliebe für hellrote Fleischfarben hatte.

# Schuhbecks Tatar mit Kartoffeln

**4 PERSONEN**

**FÜR DIE KARTOFFELN**
12 festkochende Mini-Kartoffeln
(ca. 300 g)
Salz · 1 TL Öl
1 TL Bratkartoffelgewürz
(ersatzweise gemahlener Kümmel
und getr. Majoran)
mildes Chilisalz

**FÜR DAS TATAR**
500 g mageres Rindfleisch
(aus der Oberschale)
1 Schalotte
3 Sardellenfilets
(in Öl; abgetropft)
1 kleine Essiggurke
1 TL Kapern
2 TL Tomatenketchup
2 TL scharfer Senf
2 Msp. Paprikapulver (edelsüß)
mildes Chilisalz · Zucker

**FÜR DIE SAUCE**
100 g Crème fraîche
ca. 2 EL Milch (je nach Konsistenz der Crème fraîche)
1 Spritzer Zitronensaft
1 Msp. abgeriebene unbehandelte Zitronenschale
mildes Chilisalz
1 EL Schnittlauchröllchen
(frisch geschnitten)

**AUSSERDEM**
4 Wachteleier
4 Kapernäpfel

**ZUBEREITUNG**

**1** Die Kartoffeln waschen und mit Schale in Salzwasser etwa 20 Minuten weich garen. Abgießen, ausdampfen lassen und halbieren.

**2** Währenddessen die Wachteleier in kochendem Wasser etwa 3 Minuten hart kochen. Anschließend kalt abschrecken, pellen und halbieren. Die Kapernäpfel halbieren.

**3** Für das Tatar das Rindfleisch in sehr kleine Würfel schneiden (alternativ bereits vom Metzger durch die feine Scheibe des Fleischwolfs drehen lassen). Die Schalotte schälen, in feine Würfel schneiden und in einer Pfanne mit 50 ml Wasser weich garen, bis die Flüssigkeit eingekocht ist. Vom Herd nehmen und abkühlen lassen.

**4** Die Sardellenfilets mit Essiggurke und Kapern fein hacken und alles mit Hackfleisch, Schalotte, Ketchup, Senf und Paprikapulver mischen. Zuletzt das Tatar mit Chilisalz und 1 Prise Zucker würzen, kühl stellen.

**5** Für die Sauce die Crème fraîche mit etwas Milch zu einer glatten, sämigen Sauce verrühren (dabei nach und nach so viel Milch dazugeben, bis die gewünschte Konsistenz erreicht ist). Mit Zitronensaft, Zitronenschale und Chilisalz abschmecken und zuletzt den Schnittlauch unterrühren.

**6** Eine Pfanne bei mittlerer Temperatur erhitzen und 1 TL Öl mit einem Pinsel darin verstreichen. Die Kartoffeln darin auf der Schnittseite goldbraun braten. Die Kartoffeln wenden, noch einige Minuten weiterbraten und zuletzt mit Bratkartoffelgewürz und Chilisalz würzen.

**7** Zum Servieren einen Metallring (ca. 10 cm Durchmesser) auf einen Teller setzen. Das Tatar nochmals abschmecken, je ein Viertel in den Ring füllen, glatt streichen und den Ring abziehen. Das restliche Tatar ebenso auf drei weitere Teller setzen. Kapernäpfel und Wachteleier auf dem Tatar anrichten, die Kartoffeln und die Schnittlauchsauce daneben verteilen.

# Sattelfester Snack

Diese Geschichte klingt ein bisserl nach einem, der zu viel Fantasie hat. Angeblich haben die Tataren, ein wildes Reitervolk aus Zentralasien, ihr zähes Fleisch unter dem Sattel weich geritten und dann abends am Lagerfeuer roh verspeist. Geschrieben hat das Jules Verne in seinem Buch „Der Kurier des Zaren" (1876).

     Der französische Autor hatte in der Tat viel Fantasie, aber mit vielem auch recht behalten. Das U-Boot von Käpt'n Nemo gibt es heutzutage mit Atomantrieb und wer in 80 Tagen um die Welt reist, hat mindestens einen Fluglotsenstreik oder den Ausbruch eines Vulkans dabei, um so lange mit dem Flieger zu brauchen.

# Caesar Salad

**4 PERSONEN**

### FÜR DAS DRESSING
1 sehr frisches Eigelb
½ TL Dijon-Senf
1 EL Tomatenketchup
1 EL Weinbrand
100 ml lauwarme Hühnerbrühe
150 ml neutrales Öl
½ fein geriebene Knoblauchzehe
1 Msp. fein geriebener Ingwer
2–3 Sardellenfilets (in Öl)
1 EL geriebener Parmesan
1–2 EL Weißweinessig
mildes Chilisalz · Zucker

### FÜR DEN SALAT
250 g Romanasalat
200 g Cocktailtomaten
(nach Belieben bunte)
4 Hähnchenbrustfilets
(à ca. 120 g; ohne Haut)
1 ½ TL Öl
3 EL braune Butter (siehe S. 17)
1 ½ TL Steak- und Grillgewürz
mildes Chilisalz
8 Riesengarnelen
(geschält und entdarmt)
80 g Weißbrot
4 EL Parmesanspäne
1 EL getr. Cranberrys
2 EL Mandeln
(nach Belieben grob gehackt)

## ZUBEREITUNG

**1** Für das Dressing Eigelb, Senf, Ketchup, Weinbrand und lauwarme Brühe in einen hohen Rührbecher geben. Alles mit dem Stabmixer mischen, dabei nach und nach das Öl dazugießen und untermixen. Anschließend Knoblauch, Ingwer, Sardellen, Parmesan und Essig untermixen und das Dressing mit Chilisalz und 1 Prise Zucker würzen, kühl stellen.

**2** Für den Salat vom Romanasalat die äußeren Blätter entfernen. Den Salat in die einzelnen Blätter teilen, waschen und trocken schleudern, ggf. in mundgerechte Stücke zupfen. Die Tomaten waschen und vierteln oder halbieren. Die Hähnchenbrustfilets waschen, trocken tupfen und schräg in 1 bis 1 ½ cm dicke Scheiben schneiden.

**3** Eine Pfanne bei mittlerer Temperatur erhitzen und 1 TL Öl mit einem Pinsel darin verstreichen. Die Hähnchenbrustscheiben auf beiden Seiten je 1 bis 2 Minuten anbraten. Die Pfanne vom Herd nehmen und das Fleisch in der Nachhitze der Pfanne 1 bis 2 Minuten saftig durchziehen lassen. 2 EL braune Butter hinzufügen, alles mit 1 TL Steak- und Grillgewürz und etwas Chilisalz würzen, warm halten.

**4** Die Garnelen waschen und trocken tupfen. Eine kleine Pfanne bei mittlerer Temperatur erhitzen, den übrigen ½ TL Öl mit einem Pinsel darin verstreichen und die Garnelen etwa 2 Minuten anbraten.

**5** Die Garnelen wenden und noch etwa 30 Sekunden weiterbraten, die Pfanne vom Herd nehmen und die Garnelen in der Nachhitze der Pfanne etwa 1 Minute durchziehen lassen. Die übrige braune Butter hinzufügen, alles mit Chilisalz und dem übrigen ½ TL Steak- und Grillgewürz würzen.

**6** Zum Servieren das Brot in Würfel schneiden und in einer Pfanne ohne Fett bei milder Hitze goldbraun und knusprig rösten. Den Salat mit dem Dressing mischen und auf Schalen oder Teller verteilen. Die Hähnchenstreifen, Garnelen, Croûtons und Tomaten darauf anrichten und alles mit Parmesanspänen, Cranberrys und Mandeln bestreuen.

## Tipp

Wer will, kann den Caesar Salad auch ohne Garnelen zubereiten. Sie ergänzen den Klassiker aber um eine interessante Geschmacksnote.

## Er kam, kochte und siegte

Cesare Cardini, geboren am Lago Maggiore und Wirt im mexikanischen Tijuana, hatte am 4. Juli 1924 große Not. Es war der amerikanische Unabhängigkeitstag, weshalb besonders viele US-Gäste über die nahe Grenze gekommen waren. Am Ende des Tages gingen die Vorräte zur Neige, Cardini kratzte Brotwürfel, Sardellen und Parmesan zusammen und schon hatte er den Salat. Den berühmtesten Salat der Welt.

# Bismarckhering mit Roter Bete in Holunderblütenmarinade

**4 PERSONEN**

**FÜR DIE ROTEN BETEN**
50 ml Balsamico bianco
80 g Holunderblütensirup
1 Msp. abgeriebene unbehandelte Orangenschale
15 g mildes Chilisalz
10 g Zucker
200 g Rote Beten
(vorgegart und vakuumiert)
1–2 EL mildes Olivenöl

**FÜR DIE KARTOFFELN**
12 festkochende Mini-Kartoffeln
Salz
2 dünne Frühlingszwiebeln
1 TL Öl
1 TL Bratkartoffelgewürz
(ersatzweise gemahlener Kümmel und getr. Majoran)
mildes Chilisalz
1 EL kalte Butter

**FÜR DEN DIP**
200 g Schmand
1 EL Sahnemeerrettich (ca. 30 g)
1 EL Cornichon-Einlegesaft
(siehe unten)
mildes Chilisalz · Zucker

**AUSSERDEM**
1 Apfel · 1 TL Puderzucker
1 TL braune Butter (siehe S. 17)
8–12 Spitzen Dill
8 Bismarckheringsfilets (in Lake)
einige Cornichons

**ZUBEREITUNG**

1   Für die Roten Beten in einer Schüssel ¼ l Wasser mit Essig, Sirup, Orangenschale, Chilisalz und Zucker verrühren. Die Roten Beten in schmale Spalten schneiden (dazu am besten Einweghandschuhe tragen!) und mit der Marinade mischen. Alles mehrere Stunden ziehen lassen, dann die Marinade abgießen und die Roten Beten mit dem Olivenöl mischen.

2   Die Kartoffeln waschen und mit Schale in Salzwasser etwa 20 Minuten weich garen. Abgießen, ausdampfen und abkühlen lassen und vierteln.

3   Für den Dip den Schmand mit Meerrettich und Cornichon-Einlegesaft glatt rühren und mit Chilisalz und 1 Prise Zucker würzen. Nach Belieben mit Schnittlauchröllchen bestreuen.

4   Für die Bratkartoffeln die Frühlingszwiebeln putzen, waschen und in 2 cm lange Stücke schneiden. Eine Pfanne bei mittlerer Temperatur erhitzen, das Öl mit einem Pinsel darin verstreichen und die Kartoffelviertel goldbraun braten. Nach 2 bis 3 Minuten die Frühlingszwiebeln hinzufügen und mitbraten. Zuletzt mit Bratkartoffelgewürz und Chilisalz würzen und die kalte Butter in Flöckchen unterrühren, warm halten.

5   Den Apfel waschen, vierteln und entkernen. Die Viertel längs halbieren und quer in ½ cm breite Stücke schneiden. Den Puderzucker in einer Pfanne bei mittlerer Hitze hell karamellisieren. Die Apfelstücke darin andünsten und die braune Butter hinzufügen, vom Herd nehmen. Die Dillspitzen waschen und trocken tupfen.

6   Zum Servieren die Bratkartoffeln mit Apfelstücken und Roter Bete auf Tellern anrichten. Die Heringsfilets abtropfen lassen, nach Belieben schräg in etwa 2 cm breite Stücke schneiden und darauflegen. Mit Cornichons und Dillspitzen garnieren und den Dip darum herumträufeln.

## Tipp

Zur marinierten Roten Bete passt geschmacklich auch wunderbar noch 1 kleine Schalotte – einfach schälen, in feine Würfel schneiden und mit in die Marinade geben.

## Der Kohldampf des Kanzlers

Auch beim Essen war der eiserne Kanzler Otto von Bismarck (1815–1898) eisern. Unter dem Motto „Wer viel arbeitet, muss auch gut gefüttert werden!" verspeiste er 16 Spiegeleier schon zum Frühstück und mittags Kaviar, Räucheraal, Königsberger Klopse, Austern und dazu jede Menge Bier – kein Wunder, dass Bismarck mit 300 Pfund Gewicht nicht unbedingt ein dürrer Hering war und von seinem Leibarzt auf Diät gesetzt wurde. Nur noch Hering satt – das machte den Kanzler einen halben Zentner leichter. Der Fisch war in aller Munde, allerdings nicht bei den oberen Zehntausend. „Wenn der Hering so teuer wie Hummer wäre", so Bismarck, „dann gälte er mit Sicherheit in den höchsten Kreisen als Delikatesse."

# Knuspriges Leberkäs-Sandwich

**ZUBEREITUNG**

**1** Das Leberkäsbrät mit der Sahne glatt rühren und den Senf und das Bratkartoffelgewürz untermischen. Von den Laugenstangen das Salz entfernen und die Stangen schräg in 40 etwa 3 mm dünne Scheiben schneiden. Anschließend das Brät zwischen je 2 Scheiben streichen – das ergibt etwa 20 Leberkäs-Sandwiches.

**2** In einer großen Pfanne bei milder Temperatur 1 bis 2 EL Öl oder braune Butter erhitzen und die gefüllten Laugenscheiben darin auf einer Seite langsam goldbraun anbraten. Dann wenden und die andere Seite ebenfalls langsam braten. Zwischendurch bei Bedarf noch etwas Öl oder braune Butter hinzufügen. Die Sandwich aus der Pfanne nehmen und auf Küchenpapier abtropfen lassen. Danach mit etwas Chilisalz bestreuen.

**3** Für den Salat die Salat- und Kerbelblätter verlesen, waschen und trocken schleudern bzw. tupfen. Den Salat ggf. in mundgerechte Stücke zupfen und mit dem Kerbel in eine Schüssel geben.

**4** Für das Dressing Zitronensaft, Olivenöl, Chilisalz und 1 Prise Zucker gründlich verquirlen und die Blätter damit mischen.

**5** Zum Servieren den bunten Salat mittig auf Teller verteilen und die Leberkäs-Sandwiches darauflegen.

**CA. 20 STÜCK (4 PERSONEN)**

200 g Leberkäsbrät
(vom Metzger)
2 EL Sahne · ½ TL Dijon-Senf
1 TL Bratkartoffelgewürz
(ersatzweise gemahlener Kümmel
und getr. Majoran)
3 Laugenstangen vom Vortag
(à ca. 65 g; nicht zu trocken –
am besten über Nacht in einen
Gefrierbeutel packen)
4 EL Öl oder braune Butter
(siehe Tipp) zum Braten
mildes Chilisalz
je 1 Handvoll Castelfranco,
Feldsalat, Frisée, Kerbelblätter
und Radicchio
1–2 TL Zitronensaft
1–2 TL mildes Olivenöl · Zucker

## Tipp

Braune Butter, auch Nussbutter genannt, können Sie leicht selbst herstellen: einfach die gewünschte Menge Butter in einem kleinen Topf bei mittlerer Hitze langsam erwärmen, bis sie goldbraun ist und ein nussiges Aroma hat. Durch ein mit Küchenpapier ausgelegtes Sieb gießen und abkühlen lassen. Zugedeckt hält sich braune Butter im Kühlschrank mehrere Wochen – sie wird dabei fest wie Butterschmalz, lässt sich aber jederzeit durch Erwärmen wieder verflüssigen.

# Leberkäs-Schnitzel mit Bratkartoffeln

## ZUBEREITUNG

**1** Für die Bratkartoffeln die Kartoffeln waschen und mit Schale in Salzwasser etwa 20 Minuten weich garen. Abgießen, kurz ausdampfen lassen und pellen.

**2** Inzwischen für die Schnitzel die Eier mit Sahne und Zitronenschale in einem tiefen Teller verquirlen. Weißbrotbrösel und Panko mischen und wie das Mehl ebenfalls jeweils in tiefe Teller geben.

**3** Das Leberkäsbrät mit dem Steak- und Grillgewürz gleichmäßig verrühren. Aus der Masse mit angefeuchteten Händen 4 etwa 1 cm dicke schnitzelförmige Fladen formen und jeweils auf ein entsprechend großes Stück Backpapier setzen. Die Leberkäs-Schnitzel mithilfe des Backpapiers in das Mehl stürzen, das Backpapier abziehen und die Schnitzel im Mehl wenden. Dann durch die verquirlten Eier ziehen und zuletzt in der Bröselmischung panieren.

**4** Das Öl in einer großen Pfanne bei milder Temperatur erhitzen und die panierten Leberkässcheiben darin auf einer Seite langsam goldbraun anbraten. Dann wenden und die andere Seite ebenfalls langsam braten. Zwischendurch bei Bedarf noch etwas Öl oder nach Belieben braune Butter dazugeben. Die Schnitzel aus der Pfanne nehmen, auf Küchenpapier abtropfen lassen und mit etwas Chilisalz bestreuen. Sofort servieren.

**5** Zeitgleich die Kartoffeln etwas abkühlen lassen und in nicht zu dünne Scheiben schneiden. Die Frühlingszwiebeln putzen, waschen und in dünne Ringe schneiden. Die braune Butter in einer große Pfannen bei mittlerer Temperatur erhitzen und die Kartoffelscheiben darin anbraten. Mit Bratkartoffelgewürz und Chilisalz würzen, Petersilie und Frühlingszwiebeln hinzufügen und noch kurz mitbraten.

**6** Zum Servieren die Schnitzel sofort auf vorgewärmte Teller setzen und die Bratkartoffeln daneben anrichten.

## 4 PERSONEN

### FÜR DIE KARTOFFELN
800 g festkochende
Mini-Kartoffeln · Salz
2 Frühlingszwiebeln
1 EL braune Butter (siehe S. 17)
1 TL Bratkartoffelgewürz
(ersatzweise gemahlener Kümmel
und getr. Majoran)
mildes Chilisalz
1 EL Petersilienblätter
(frisch geschnitten)

### FÜR DIE SCHNITZEL
1–2 Eier
1 EL Sahne
½ TL abgeriebene unbehandelte Zitronenschale
80 g Weißbrotbrösel
50 g Panko (asiat. Paniermehl)
80 g doppelgriffiges Mehl
(Instant- oder Spätzlemehl)
400 g Leberkäsbrät
(vom Metzger)
1 EL Steak- und Grillgewürz
ca. 100 ml Öl
mildes Chilisalz

# Weder Leber noch Käse

Historisch betrachtet ist der Leberkäs für die Bayern, und da vor allem für eingefleischte Patrioten, ein Fiasko. Denn der Leberkäse kommt entgegen der landläufigen Meinung nicht aus dem Freistaat, sondern hat Pfälzer Wurzeln.

Weil den Wittelsbachern in Bayern die Herrscher ausgegangen waren, musste die Pfälzer Linie herhalten. Und so ließ Kurfürst Carl Theodor (1724–1799) zwar seine Familie in Mannheim zurück, seinen talentierten Pastetenbäcker nahm er jedoch über den Weißwurstäquator mit – angeblich mit dem Leberkäsrezept im Gepäck. In München wurde die Pastete schnell zur Volksnahrung. Beamtenschnitzel nannte man den Leberkäs, weil er nicht so teuer war wie Kalbfleisch. Und eingeklemmt zwischen zwei Semmelhälften ist er zum Sinnbild der bayerischen Brotzeitkultur geworden. Jetzt Pfälzer hin oder Pfälzer her – bei Leberkäs ist die Herkunft auch schon Wurst. Er ist nämlich ein arger Täuscher, denn der Leberkäs besteht weder aus Käse noch aus Leber.

# Leberkäsnockerlsuppe

**ZUBEREITUNG**

**1** Die Karotte und den Sellerie putzen und schälen. Erst die Karotte längs in dünne Scheiben hobeln oder schneiden, dann den Sellerie in dünne Scheiben schneiden. Den Lauch putzen, waschen und mit Karotte und Sellerie in etwa 1 ½ cm große Rauten schneiden. Das Leberkäsbrät mit der Sahne glatt rühren.

**2** Die Brühe in einem großen Topf erhitzen. Mit angefeuchteten Teelöffeln aus dem Leberkäsbrät kleine Nocken formen und in die Suppe legen. Die Gemüserauten hinzufügen und alles bei milder Hitze (80 bis 90 °C; Speisethermometer) 5 bis 10 Minuten gar ziehen lassen. Nach Bedarf die Brühe mit etwas Chilisalz abschmecken.

**3** Zum Servieren jeweils etwas Muskatnuss in vorgewärmte tiefe Teller oder Schalen reiben, die Suppe mit den Nockerln und dem Gemüse darauf verteilen und mit Schnittlauch bestreuen.

**4 PERSONEN**

1 Karotte
80 g Knollensellerie
80 g Lauch
200 g Leberkäsbrät
(vom Metzger)
2 EL Sahne
1–1,2 l Rinder- oder
Hühnerbrühe
mildes Chilisalz
frisch geriebene Muskatnuss
1 EL Schnittlauchröllchen
(frisch geschnitten)

## Tipp

Damit die Nockerl einen feinen Biss bekommen und nicht grieselig werden, sollte man darauf achten, dass sie nicht in der Brühe kochen. Ideal ist es, wenn sie knapp unter dem Siedepunkt gar ziehen können.

# Hotdog à la Rolling Stones

**4 PERSONEN**

**FÜR DIE CHILI-BOHNEN**
½ Zwiebel
je 150 g weiße und rote Kidneybohnen (aus der Dose)
50 g Maiskörner (aus der Dose)
1 TL Öl · 1 TL Tomatenmark
150 g passierte Tomaten
(aus der Dose)
mildes Chilisalz
gemahlener Kümmel
Paprikapulver (edelsüß)
Räucherpaprikapulver
(Pimentón de la Vera picante)
1 kleine fein geriebene
Knoblauchzehe
1 Msp. fein geriebener Ingwer
1 Msp. abgeriebene unbehandelte Zitronenschale

**FÜR DIE KARTOFFELN**
400 g festkochende Kartoffeln
Salz · 1 Lorbeerblatt
1 halbierte Knoblauchzehe
1 kleine getr. rote Chilischote
1–2 TL braune Butter
(siehe S. 17)
mildes Chilisalz
2 TL Bratkartoffelgewürz
(ersatzweise gemahlener Kümmel
und getr. Majoran)
1 EL kalte Butter

**AUSSERDEM**
4 Wiener Würstchen
4 Brötchen (nach Belieben längliche Hotdog-Brötchen)

**ZUBEREITUNG**

1   Für die Chili-Bohnen die Zwiebel schälen und in feine Würfel schneiden. Beide Bohnensorten und den Mais in ein Sieb abgießen, abbrausen und abtropfen lassen.

2   Für die Sauce einen kleinen Topf bei mittlerer Temperatur erhitzen, das Öl mit einem Pinsel darin verstreichen und die Zwiebelwürfel leicht andünsten. Das Tomatenmark unterrühren und kurz mitdünsten, die passierten Tomaten dazugeben und alles knapp unter dem Siedepunkt etwa 5 Minuten ziehen lassen.

3   Die Sauce mit Chilisalz, je 1 Prise Kümmel, Paprika und Räucherpaprika sowie mit Knoblauch, Ingwer und Zitronenschale würzen. Zuletzt beide Bohnen und den Mais untermischen und erhitzen, warm halten.

4   Die Kartoffeln waschen, schälen und in 1 cm große Würfel schneiden. Dann in einem Topf in Salzwasser mit Lorbeerblatt, Knoblauch und Chilischote 5 bis 10 Minuten fast weich garen. In ein Sieb abgießen, abtropfen lassen und trocken tupfen.

5   Eine große Pfanne bei mittlerer Temperatur erhitzen, die braune Butter mit einem Pinsel darin verstreichen und die Kartoffelwürfel anbraten. Mit Chilisalz und Bratkartoffelgewürz würzen und die kalte Butter in Flöckchen hinzufügen. Zuletzt Lorbeerblatt, Chilischote und Knoblauch entfernen.

6   Die Würstchen auf beiden Seiten mehrmals schräg einschneiden und in einer beschichteten Pfanne ohne Fett bei milder Hitze auf beiden Seiten braten. Die Brötchen quer aufschneiden und in einer Pfanne ohne Fett auf der Schnittseite hell rösten.

7   Die Chili-Bohnen in die Brötchen füllen, je 1 Würstchen hineinlegen und mit den Kartoffelwürfeln bestreuen.

# Elvis-Sandwich

## 1 PERSON

4 Scheiben Frühstücksspeck
½ Banane
2 große Scheiben Toastbrot
(à ca. 11 x 11 cm)
50 g Erdnussmus (aus dem Glas)

## ZUBEREITUNG

**1**   Die Speckscheiben in einer Pfanne ohne Fett bei mittlerer Hitze knusprig braten. Herausnehmen und auf Küchenpapier abtropfen lassen. Die Banane schälen und schräg in etwa ½ cm dicke Scheiben schneiden. (Nach Belieben die Bananenscheiben in einer Pfanne in etwas Puderzucker bei mittlerer Hitze hell karamellisieren und etwas kalte Butter dazugeben.) Die Toastscheiben toasten und dick mit Erdnussmus bestreichen.

**2**   Die Banane auf 1 Brotscheibe verteilen, die Speckscheiben darauflegen, mit der anderen Brotscheibe so belegen, dass das Erdnussmus auf dem Speck liegt. Etwas andrücken und zum Servieren diagonal halbieren.

# King-Sandwich

## 1 PERSON

1 EL Mayonnaise
1 TL Tomatenketchup
1 Spritzer Weinbrand
1 Spritzer Orangensaft
mildes Chilisalz · Zucker
1 Wachtelei · Salz
1 Handvoll gemischte Salatblätter
(z. B. Frisée, Feldsalat, Romana)
¼ Avocado · 1 Scheibe Bauernbrot · 1 TL Öl
2 Scheiben Rinderfilet
(à 100–120 g)
½ TL Steak- und Grillgewürz
1 Garnele (entdarmt, geschält)
2 Scheiben Knoblauch
2 Kardamomkapseln
3 cm Vanilleschote
1 getr. rote Chilischote
1 kleiner Zweig Rosmarin
1–2 TL braune Butter (s. S. 17)
3 Cocktailtomaten
½ TL Kapern
5 Kalamata-Oliven (ohne Stein)

## ZUBEREITUNG

**1**   Für die Cocktailsauce Mayonnaise mit Ketchup, Weinbrand und Orangensaft glatt rühren und mit Chilisalz und 1 Prise Zucker würzen.

**2**   Das Wachtelei in kochendem Salzwasser etwa 3 Minuten hart kochen, kalt abschrecken, pellen und halbieren. Die Salatblätter verlesen, waschen und trocken schleudern. Das Avocadoviertel schälen, in Spalten schneiden und mit Chilisalz würzen. Das Brot in einer Pfanne ohne Fett rösten.

**3**   Eine Pfanne bei mittlerer Temperatur erhitzen, das Öl mit einem Pinsel darin verstreichen und die Steaks 1 bis 2 Minuten anbraten, bis Fleischsaftperlen austreten. Die Steaks wenden und weiterbraten, bis erneut Fleischsaftperlen austreten. Aus der Pfanne nehmen und mit dem Steak- und Grillgewürz sowie etwas Chilisalz würzen, warm halten.

**4**   Die Garnele waschen, trocken tupfen und in der Pfanne von den Steaks 1 bis 2 Minuten anbraten. Dann wenden, Knoblauch, Kardamom, Vanille, Chili, Rosmarin und braune Butter hinzufügen und die Garnele noch etwa 1 Minute braten. Die Pfanne vom Herd nehmen und die Garnele in der Nachhitze der Pfanne etwa 1 Minute saftig durchziehen lassen. Zuletzt mit Chilisalz würzen.

**5**   Zum Servieren die Tomaten waschen und halbieren. Das Brot auf einen Teller legen, mit Salat belegen und mit der Sauce beträufeln. Die Steaks und die Garnele darauf anrichten, die Avocadospalten dazulegen und alles mit Wachtelei, Tomaten, Kapern und Oliven garnieren.

# So schlemmen die Popstars

Große Rock- und Popstars haben meistens auch eine große Klappe! Und die muss gefüllt werden, dem Tourneestress gehorchend schnell und nährstoffreich. Elvis Presleys Lieblingsessen zum Beispiel hatte 8 000 Kalorien. Der King hatte eine ausgeprägte Leidenschaft für ein Erdnussbutter-Bananen-Speck-Sandwich, das er in dem Restaurant Colorado Mine Company in Denver kennengelernt hatte.

So heiß war er auf die Kalorienbombe, dass er in der Nacht des 1. Februar 1976 sogar seinen Privatjet, die Lisa Marie, klarmachen ließ. Zusammen mit zwei befreundeten Polizeibossen flog er von Memphis nach Colorado. Am Stapleton Airport (Denver), selbstverständlich in einem eigenen Hangar, warteten derweil schon die Besitzer der Colorado Mine Company mit 22 frisch gemachten Sandwiches der Marke „The Fool's Gold Loaf" (Katzengold- oder Narrengold-Brot). In zwei Stunden und unter der Zuhilfenahme diverser Flaschen französischen Mineralwassers und Champagners wurden die Sandwiches, die später den Beinamen Elvis bekamen, vertilgt und schon ging es wieder nach Hause. Fast Food à la Elvis.

Nicht ganz so spektakulär ging es bei der Leibspeise der Stones zu, den „Hot Dogs on the Rocks". Erfunden hat dieses Schnellgericht Mick Jagger persönlich: nichts anderes als ein paar Frankfurter-Scheiben auf einem Berg Kartoffelpüree. Dem Drummer Charlie Watts war das zu langweilig, er haute auf die Pauke und zauberte einen Ring Baked Beans um das Püree. Um fünf Stones satt zu kriegen, so das Rezept, braucht es 10 Frankfurter (also Wiener), 5 Kartoffeln für das Püree und 1 Dose Baked Beans. Überliefert ist auch die Bemerkung am Ende des Rezepts: „Nichts für Kalorienzähler!"

## Chips, Chips, hurra!

Ob heiliger Zorn oder Zivilcourage – irgendwo dazwischen liegt der Grund, warum die ganze Welt heutzutage an Kartoffelchips knabbert. Denn an einem heißen Tag im August 1853 hat ein reicher Gast im Hotel Moon Lake Lodge in Saratoga Springs (New York) drei Mal die Bratkartoffeln zurückgehen lassen, weil sie ihm zu dick waren. Der leicht erregbare Koch, ein gewisser George Crum (1822–1914), schnitt daraufhin die Kartoffeln hauchdünn, frittierte und servierte sie. Mit unerwartet großem Erfolg. Das war dann auch die Geburtsstunde der Chips. Weil sie so beliebt waren, füllte Crum sie in Beutel ab und gab sie seinen Gästen nach Hause mit.

# Chips und Dips

## ZUBEREITUNG

**1** Für die Chips Wurzelgemüse und Kartoffeln putzen bzw. waschen und schälen. Dann auf der Gemüsereibe längs oder schräg in 1 bis 2 mm dünne Scheiben hobeln (die Roten Beten mit Einweghandschuhen verarbeiten!).

**2** Die Kartoffelscheiben in kaltem Wasser waschen und anschließend mit Küchenpapier vollständig trocken tupfen. (Das Waschen ist bei einer größeren Menge Kartoffelchips wichtig, damit die Kartoffelscheiben nicht verfärben und das Fett länger frisch bleibt bzw. nicht so schnell verschmutzt.)

**3** Zum Frittieren das Fett in einem großen Topf oder einer Fritteuse auf 130 °C erhitzen. (Durch die niedrige Temperatur bleibt die Farbe der Gemüsesorten und blauen Kartoffeln erhalten. Für normale Kartoffelchips das Fett nach Belieben auf 160 bis 170 °C erhitzen.)

**4** Die Gemüse- und Kartoffelscheiben portionsweise im Fett ausbacken, bis sich die Ränder zu wellen beginnen und sie sich leicht und kross anfühlen. Dann mit dem Schaumlöffel herausheben und auf Küchenpapier abtropfen lassen, mit Chilisalz würzen und möglichst frisch verzehren – die Dips dazu reichen (siehe auch Tipp).

**5** Für die Salsa die Avocado halbieren, entkernen, schälen und in ½ cm große Würfel schneiden, sofort mit Limettensaft beträufeln. Die Zwiebel schälen und in feine Würfel schneiden. Die Tomaten waschen und in kleine Würfel schneiden, dabei Stielansätze und Kerne entfernen. Avocado, Zwiebel, Tomaten, Limettenschale, Knoblauch, Ingwer und Olivenöl mischen und die Salsa mit Chilisalz und 1 Prise Zucker würzen.

**6** Für die Chilisauce die Speisestärke mit 4 EL kaltem Wasser glatt rühren. In einem Topf 300 ml Wasser mit Zucker, Chilisalz, Chiliflocken, Essig, Tomatenmark, Knoblauch und Ingwer aufkochen, die angerührte Stärke dazugeben und alles etwa 2 Minuten köcheln lassen, bis die Sauce sämig bindet. Im Topf mit dem Stabmixer kräftig mixen und abkühlen lassen.

## Tipp

Für einen Limettendip 200 g griech. Joghurt (10 % Fett) mit 2 EL Milch und der abgeriebenen Schale von 1 unbehandelten Limette glatt rühren und mit etwas mildem Chilisalz und 1 Prise Zucker würzen.

## 4 PERSONEN

### FÜR DIE CHIPS
800 g Wurzelgemüse (z. B. Petersilienwurzel, Pastinake, Topinambur, gelbe und orange Karotten, junger Knollensellerie, Rote Beten)
800 g Kartoffeln (z. B. blaue Kartoffeln, Süßkartoffeln, vorwiegend festkochende Kartoffeln)
Fett zum Frittieren
mildes Chilisalz

### FÜR DIE SALSA (200 G)
1 reife Avocado
1 EL Limettensaft
½ kleine rote Zwiebel
3 reife Tomaten
1 Msp. abgeriebene unbehandelte Limettenschale
1 fein geriebene Knoblauchzehe
1 Msp. fein geriebener Ingwer
2 EL mildes Olivenöl
mildes Chilisalz · Zucker

### FÜR DIE CHILISAUCE (400 G)
1 geh. EL Speisestärke (ca. 15 g)
50 g Zucker
1 TL mildes Chilisalz
½ TL milde Chiliflocken
3 EL Weißweinessig
1 TL Tomatenmark
½ fein geriebene Knoblauchzehe
½ TL fein geriebener Ingwer

VORSPEISEN & SALATE

# SUPPEN & KLEINE GERICHTE

---

Ein Gericht – ein Wort! Kaum eine andere Speise wie die Suppe klingt in vielen Sprachen so ähnlich. Soup auf Englisch, Sopa auf Spanisch und Portugiesisch, Soupe sagen die Franzosen, Zuppa die Italiener. Supp bedeutet so viel wie schlürfen und gesuppt wird schon seit der Steinzeit. Die ersten Suppentellerfunde gehen auf das Jahr 5 000 v. Chr. in Ägypten zurück. Und auch den Imbiss kannten bereits die Römer. Snackbars hat man zum Beispiel in den Ruinen von Pompeji gefunden – ganz in der Nähe des Circus. Hier hat sich das Publikum noch schnell einen Bissen mitgenommen, denn nur trocken Brot und Spiele genügten den Genießern schon damals nicht.

# Kartoffelsuppe mit Fleischpflanzerl

**4 PERSONEN**

**FÜR DIE SUPPE**

2 mehligkochende Kartoffeln (ca. 250 g) · Salz
½ Zwiebel · 50 g Knollensellerie
1 kleine Karotte
¾ l Hühnerbrühe
1 Lorbeerblatt
1 kleine getr. rote Chilischote
1 fein geriebene Knoblauchzehe
1 Msp. fein geriebener Ingwer
150 g Sahne
2 EL braune Butter (siehe S. 17)
milde Chiliflocken
frisch geriebene Muskatnuss
getr. Bohnenkraut
gemahlener Kümmel

**FÜR DIE FLEISCHPFLANZERL**

40 g Toast- oder Tramezzinibrot
50 ml Milch · ¼ Zwiebel
150 g Kalbshackfleisch
100 g Schweinehackfleisch
1 Ei · 1 TL scharfer Senf
getr. Majoran
1 Msp. abgeriebene unbehandelte Zitronenschale
1 TL Petersilienblätter (frisch geschnitten)
mildes Chilisalz
40 g Weißbrotbrösel
20 g Panko (asiat. Paniermehl)
Öl zum Braten

**ZUBEREITUNG**

**1** Für die Suppe die Kartoffeln schälen, waschen und in etwa 1 cm große Würfel schneiden. Dann in einem Topf in Salzwasser 15 bis 20 Minuten weich garen. In ein Sieb abgießen und abtropfen lassen (siehe Tipp).

**2** Inzwischen Zwiebel, Sellerie und Karotte schälen und in 5 bis 7 mm große Würfel schneiden. Die Brühe in einem Topf aufkochen und die Gemüsewürfel darin mit Lorbeerblatt und Chili knapp unter dem Siedepunkt etwa 20 Minuten weich garen.

**3** Das Gemüse vom Herd nehmen, Lorbeerblatt und Chili wieder entfernen und Knoblauch, Ingwer und die abgetropften Kartoffeln dazugeben. Alles mit dem Stabmixer fein pürieren, Sahne und braune Butter hinzufügen und die Suppe mit 1 Prise Chiliflocken, etwas Muskatnuss sowie je 1 Prise Bohnenkraut und Kümmel würzen, warm halten.

**4** Währenddessen für die Fleischpflanzerl das Brot in Würfel schneiden und in einer Schüssel in der Milch einweichen. Die Zwiebel schälen, in feine Würfel schneiden und in einer Pfanne mit 50 ml Wasser weich garen, bis die Flüssigkeit eingekocht ist. Beide Hackfleischsorten mit dem eingeweichten Brot, Ei, Zwiebel, Senf, 1 Prise Majoran, Zitronenschale und Petersilie in eine große Schüssel geben, mit Chilisalz würzen und alles zu einer gleichmäßigen Masse verkneten.

**5** Weißbrotbrösel und Panko mischen und in einen tiefen Teller geben. Aus der Hackmasse mit angefeuchteten Händen 8 kleine Fleischpflanzerl formen, in der Bröselmischung wenden und in einer Pfanne bei mittlerer Hitze in Öl auf beiden Seiten goldbraun braten. Herausnehmen und auf Küchenpapier abtropfen lassen.

**6** Zum Servieren die Suppe auf vorgewärmte tiefe Teller verteilen und die Fleischpflanzerl darin anrichten.

## Tipp

Wenn man die Kartoffelwürfel für eine Suppe vorab separat in leicht gesalzenem Wasser gart, „verschleimt" die Suppe beim Pürieren nicht so leicht und schmeckt feiner.

# Der Kartoffeltrick

Die dümmsten Bauern haben die größten Kartoffeln, spottet der Volksmund gerne. Schuld an dieser Redensart ist der alte Fritz, also Friedrich der Große (1712–1786). Der sah in der tollen Knolle aus Südamerika die Lösung aller Ernährungsprobleme in Deutschland. Aber was der Bauer nicht kennt …

Nun, die Skepsis überwog, da griff der Preußen-Kaiser zu einem Trick: Er ließ nachts die Kartoffeläcker bewachen und schon glaubten die preußischen Bauern, dass die Knollen was Wertvolles seien, und bauten sie ebenfalls an. Am liebsten natürlich die großen.

# Bayerische Bouillabaisse

**4 PERSONEN**

**FÜR DIE BOUILLABAISSE**
1 TL Fenchelsamen
1 TL Aniskörner
2 TL Puderzucker
8 Riesengarnelen (mit Schale)
1 Zwiebel
1 Stange Staudensellerie
½ Fenchelknolle
½ dünne Stange Lauch
80 g Champignons · 1 TL Öl
1 Knoblauchzehe (in Scheiben)
2 Scheiben Ingwer
1 EL Tomatenmark
1 l Hühnerbrühe (entfettet)
1 Lorbeerblatt
1 Msp. gemahlene Kurkuma
6–8 Safranfäden
mildes Chilisalz

**FÜR DIE EINLAGE**
je 1 orange und gelbe Karotte
100 g Knollensellerie
1 Zucchini · Salz · 1 TL Öl
3 Kardamomkapseln
(angedrückt)
1 Splitter Zimtrinde
3 cm Vanilleschote
200 g Saiblingsfilet
200 g Zanderfilet

**AUSSERDEM**
150 g Schmand
ca. 2 EL Milch (je nach Konsistenz des Schmands)
1 EL Sahnemeerrettich
1 Msp. fein geriebener Knoblauch
mildes Chilisalz · Zucker
1 Msp. abgeriebene unbehandelte Limettenschale
12 Baguettescheiben

**ZUBEREITUNG**

**1** Für die Bouillabaisse Fenchel und Anis in einer Pfanne ohne Fett bei milder Hitze erwärmen. Mit etwas Puderzucker bestäuben, diesen unter Rühren schmelzen lassen. Noch zwei- bis dreimal Puderzucker daraufstäuben und schmelzen lassen. Die Gewürze aus der Pfanne nehmen, abkühlen lassen, zum Aufbewahren sofort in ein gut schließbares Gefäß geben, damit sie trocken bleiben. Nach Belieben im Mörser zerkleinern.

**2** Garnelen bis auf den Schwanz schälen (Schalen aufheben!), am Rücken entlang einschneiden und den Darm herausziehen. Garnelen längs halbieren, mit Schalen waschen und trocken tupfen. Zwiebel schälen und fein würfeln. Sellerie, Fenchel und Lauch putzen und waschen. Sellerie in dünne Scheiben schneiden, Fenchel halbieren und mit dem Lauch quer in dünne Streifen schneiden. Pilze putzen, trocken abreiben und vierteln.

**3** Einen Topf bei mittlerer Temperatur erhitzen, das Öl mit einem Pinsel darin verstreichen und die Garnelenschalen leicht anrösten. Zwiebel, Sellerie, Fenchel, Lauch, Pilze, Knoblauch und Ingwer hinzufügen, bei milder Hitze andünsten. Tomatenmark dazugeben und kurz mitdünsten. Brühe dazugießen, das Lorbeerblatt hinzufügen und alles knapp unter dem Siedepunkt etwa 20 Minuten ziehen lassen. Danach den Fond durch ein Sieb in einen Topf gießen, Kurkuma und Safran unterrühren und den Fond mit Chilisalz würzen. Garnelenschalen, Gemüse und Gewürze entfernen.

**4** Inzwischen für die Einlage Karotten und Sellerie putzen und schälen, Zucchini putzen und waschen. Aus dem Gemüse mit dem Perlenausstecher Kugeln ausstechen. In Salzwasser etwa 4 Minuten bissfest garen. In ein Sieb abgießen, kalt abschrecken und abtropfen lassen, warm halten.

**5** Eine Pfanne bei mittlerer Temperatur erhitzen, das Öl mit einem Pinsel darin verstreichen und die Garnelen auf der Außenseite dazugeben. Kardamom, Zimt und Vanille hinzufügen und die Garnelen etwa 1 Minute anbraten, bis sie sich eindrehen. Garnelen wenden, das Gemüse dazugeben und kurz erhitzen, alles warm halten. Währenddessen die Fischfilets waschen, trocken tupfen und in Scheiben schneiden.

**6** Für den Dip den Schmand mit etwas Milch glatt verrühren (dabei nach und nach so viel Milch dazugeben, bis die gewünschte Konsistenz erreicht ist). Meerrettich und Knoblauch unterrühren, mit Chilisalz, 1 Prise Zucker und der Limettenschale würzen. Die Baguettescheiben in einer Pfanne ohne Fett auf beiden Seiten rösten. Die Bouillabaisse auf vorgewärmte tiefe Teller verteilen und die Fischscheiben nebeneinander hineinlegen (sie ziehen in der heißen Brühe durch). Die Garnelen mit den Gemüseperlen dazugeben und alles mit Fenchel und Anis bestreuen. Die gerösteten Baguettescheiben und den Dip dazu reichen.

# Fisch auf den Tisch

Eigentlich ist sie ein Resterlessen: Das, was die französischen Fischer am Abend übrig hatten, wurde gekocht (frz. bouillir) und zwar „à baisse" (auf kleiner Flamme). So eine Bouillabaisse ist aber mehr als eine Fischsuppe, sie ist ein südfranzösisches Heiligtum und darüber hinaus eine göttliche Delikatesse. Der Legende nach wurde sie von Venus eigenhändig angerührt, um ihren Mann Vulcanus von einem Techtelmechtel abzulenken, das die Liebesgöttin mit Kriegsgott Mars im Nebenraum abhielt.

# Geräuchertes Chili con Carne

**4 PERSONEN**

**FÜR DAS CHILI**
500 g Rindfleisch
(aus Schulter oder Keule)
oder Rinderhackfleisch
1 große Zwiebel
½ TL Puderzucker
2 EL Tomatenmark
200 g passierte Tomaten
(aus der Dose)
800 ml Hühnerbrühe
2 vorwiegend festkochende
Kartoffeln · Salz
1 Lorbeerblatt
2 Scheiben Ingwer
1 halbierte Knoblauchzehe
1 kleine getr. rote Chilischote
¼ Zucchini
1 rote Paprikaschote
150 g Kidneybohnen
(aus der Dose)
80 g Mais (aus der Dose)
1 EL Chili-con-Carne-Gewürz
(Fertigprodukt oder selbst
gemacht; siehe Tipp)
¼ TL Räucherpaprikapulver
(Pimentón de la Vera picante)

**FÜR DEN JOGHURT**
200 g griech. Joghurt (10 % Fett)
abgeriebene Schale von
½ unbehandelten Limette
1 EL Koriandergrün
(frisch geschnitten)
mildes Chilisalz

**AUSSERDEM**
4 Mais-Tortillafladen (ersatzweise Weizen-Tortillafladen)

**ZUBEREITUNG**

1  Für das Chili das Rindfleisch in 6 bis 8 mm kleine Würfel schneiden (alternativ Rinderhackfleisch verwenden). Die Zwiebel schälen, in feine Würfel schneiden und in einem Topf ohne Fett bei milder Hitze andünsten. Den Puderzucker darüberstäuben und alles wenige Minuten dünsten. Das Tomatenmark dazugeben und kurz mitdünsten. Das Rindfleisch oder Rinderhackfleisch hinzufügen, passierte Tomaten und ¾ l Brühe unterrühren, mit einem Blatt Backpapier bedecken und alles knapp unter dem Siedepunkt etwa 1 ½ Stunden garen.

2  Inzwischen die Kartoffeln schälen, in etwa 1 cm große Würfel schneiden und in Salzwasser mit Lorbeerblatt, Ingwer, Knoblauch und Chilischote etwa 15 Minuten gerade weich garen. Die Kartoffelwürfel in ein Sieb abgießen und abtropfen lassen, die Gewürze entfernen.

3  Die Zucchini putzen, waschen und in etwa 1 cm große Würfel schneiden. Die Paprikaschote längs halbieren, entkernen, waschen und in etwa ½ cm große Würfel schneiden. Bohnen und Mais in ein Sieb abgießen, abbrausen und abtropfen lassen.

4  Gut 5 bis 10 Minuten vor Ende der Garzeit des Fleischs Kartoffeln, Zucchini, Paprika, Bohnen und Mais unter das Chili rühren. Mit Chili-con-Carne-Gewürz und Räucherpaprika würzen, wenige Minuten ziehen lassen und mit Salz abschmecken.

5  Den Joghurt mit Limettenschale, Koriander und etwas Chilisalz glatt rühren. Die Tortillafladen in einer Pfanne ohne Fett kurz erwärmen und nach Belieben in Viertel schneiden. Das Chili con Carne auf vorgewärmte Schalen verteilen und mit Dip und Tortillas servieren.

## Tipp

Wer möchte, kann das Chili-con-Carne-Gewürz selbst herstellen: dafür 1 Knoblauchzehe schälen und in Scheiben schneiden. 1 Scheibe Ingwer schälen und hacken. 1 frische rote Chilischote längs halbieren, entkernen, waschen und fein hacken. Knoblauch, Ingwer und Chili mit je ½ TL ganzem Kreuzkümmel und Korianderkörnern (nach Belieben gemahlen), Paprikapulver (edelsüß), 1 TL abgeriebener unbehandelter Zitronenschale und 1 EL mildem Olivenöl im Mörser zu einer Paste verarbeiten. Die Gewürzmischung hält sich gut verschlossen etwa 1 Woche im Kühlschrank.

# Sprit für den Ritt

Chili con Carne war das erste Fertiggericht der Welt. Kein Cowboy ist zum Kuhtreiben geritten, wenn er nicht die Grundzutaten für diesen feurigen Eintopf im getrockneten Zustand mit sich führte. Ein bisserl heißes Wasser und schon gab es am Lagerfeuer abends eine schmackhafte warme Mahlzeit. Andere behaupten, dass das Chili hinter schwedischen Gardinen in Mexiko und Texas erfunden wurde. Manches Chili soll so gut gewesen sein, dass sich Häftlinge nach Verbüßung ihrer Strafe weigerten, die Anstalt zu verlassen.

      Und so kam der Eintopf nach Europa: Hier gibt es Visionäres aus der Welt des Übersinnlichen zu berichten. Angeblich hat die Dama de Azúl, eine spanische Nonne mit dem Spitznamen „blaue Dame", das Gericht bei einem ihrer rein geistigen Ausflüge in der neuen Welt gesehen. Und das Rezept dann nach dem Erwachen aus der Trance fehlerfrei aufgesagt. So gesehen ist so ein Chili ein wahres Wunder.

# Kartoffeln mit Kräuterquark „Kneipp"

**4 PERSONEN**

**FÜR DIE KARTOFFELN**
1,2 kg vorwiegend festkochende Kartoffeln · Salz
1 Lorbeerblatt
1 kleine getr. rote Chilischote
1 Knoblauchzehe (in Scheiben)
4 EL braune Butter (siehe S. 17)
2 Scheiben Ingwer
3 Kardamomkapseln (angedrückt)
3 cm Vanilleschote
1 Splitter Zimtrinde
mildes Chilisalz

**FÜR DEN QUARK**
½ Salatgurke
500 g Magerquark
100 ml Milch
1 EL Omega-3-Öl (z.B. Leinöl)
½ fein geriebene Knoblauchzehe
1 Msp. fein geriebener Ingwer
2 EL gemischte Kräuterblätter (z.B. Basilikum, Dill, Kerbel, Petersilie, Schnittlauch; frisch geschnitten)
mildes Chilisalz
1 Msp. abgeriebene unbehandelte Zitronenschale

**AUSSERDEM**
4 Spitzen Mini-Basilikum

**ZUBEREITUNG**

**1** Die Kartoffeln waschen, schälen und in Salzwasser mit Lorbeerblatt, Chilischote und Knoblauch weich garen. Anschließend in ein Sieb abgießen und sofort weiterverarbeiten.

**2** Inzwischen für den Quark die Gurke schälen, längs halbieren und die Kerne mit einem Teelöffel entfernen. Danach die Gurkenhälften in 5 bis 8 mm große Würfel schneiden.

**3** Den Quark mit Milch, Öl, Knoblauch und Ingwer in einem hohen Rührbecher mit dem Stabmixer durchrühren, die Kräuter untermischen und den Kräuterquark mit Chilisalz und Zitronenschale würzen. Zuletzt die Gurkenwürfel unterheben.

**4** In einer großen tiefen Pfanne die braune Butter mit Ingwer, Kardamom, Vanille und Zimt erwärmen. Die heißen Kartoffeln mit Lorbeerblatt, Chilischote und Knoblauch hinzufügen und darin wenden. Mit Chilisalz würzen.

**5** Zum Servieren die Kartoffeln auf vorgewärmte Teller verteilen und den Kräuterquark dazu reichen. Mit Mini-Basilikum garnieren.

## Tipp

Quark und Leinöl bilden nicht nur geschmacklich ein tolles Team — beide haben auch einiges für die Gesundheit zu bieten: Leinöl enthält einen hohen Anteil an essentiellen Omega-3-Fettsäuren und Quark ist reich an Proteinen beziehungsweise Aminosäuren.

## Sonderrolle der Knolle

Ein wenig verschroben war er schon, der gebürtige Oberschwabe und Gesundheitspfarrer Sebastian Kneipp (1821–1897). Immer wenn er auf Reisen war, zündete er seinen Kocher an und bereitete seine Speisen selbst zu – auch gerne mitten im Zugabteil.

Was gesunde Ernährung angeht, war der Wunderdoktor ziemlich fortschrittlich: „Mehr von der Pflanze, aber wenig vom Tier" war sein Credo. Die Kartoffel spielte dabei eine große Rolle. Kein Wunder, Kneipp predigte bekanntermaßen gerne Wasser, weil es den Körper gesund macht. Und die tolle Knolle besteht ja zu 75 Prozent aus dem kostbaren Nass …

# Flammkuchen „Laurentius" mit mariniertem Blattsalat

**4 PERSONEN**

**FÜR DIE KUCHEN**
250 g Mehl · 8 g frische Hefe
2 EL mildes Olivenöl (25 g)
5 g Salz (1 gestr. TL)
½ TL Brotgewürz (ersatzweise
je 1 Prise gemahlener Kümmel,
Koriander und Fenchel)
Mehl zum Arbeiten
300 g Schmand
1 TL italienische Kräuter
(ersatzweise je 1 Prise getr.
Bohnenkraut, Majoran, Oregano,
Rosmarin und Thymian)
mildes Chilisalz · Zucker
frisch geriebene Muskatnuss
½ TL abgeriebene unbehandelte
Zitronenschale
2–3 Zwiebeln · Salz
250 g Frühstücksspeck
(in Scheiben)
150 g kleine Pfifferlinge
1 TL Öl

**FÜR DEN SALAT**
250 g gemischte Salatblätter
(z.B. Castelfranco, Feldsalat
und Frisée)
1 Karotte · 5 Radieschen
1 EL gemischte Kräuterblätter
(z.B. Dill, Kerbel, Minze;
frisch geschnitten)
mildes Chilisalz · Zucker
½ TL abgeriebene unbehandelte
Zitronenschale
1 EL Zitronensaft · 1 EL Öl
1 EL Olivenöl · 1 Handvoll
gemischte Nusskerne (z.B. Ca-
shew-, Para-, Pekan-, Walnüsse)

**ZUBEREITUNG**

**1** Für den Hefeteig das Mehl in eine Schüssel sieben und in die Mitte eine Mulde drücken. 50 ml Wasser leicht erwärmen, die Hefe darin auflösen, in die Mulde geben und mit etwas Mehl verrühren. Olivenöl, Salz, Brotgewürz und 75 ml lauwarmes Wasser dazugeben und alles zu einem glatten Teig verarbeiten. Mit Frischhaltefolie abgedeckt an einem warmen Ort etwa 30 Minuten gehen lassen.

**2** Ein Backblech mit Backpapier belegen. Dann den Teig auf wenig Mehl mit dem Nudelholz auf Blechgröße ausrollen und auf das Blech legen. (Nach Belieben können Sie auch 4 kleine Flammkuchen ausrollen, dann je 2 Böden auf ein Backblech legen.) Den Backofen auf 250 °C vorheizen.

**3** Den Schmand mit Kräutern, Chilisalz, 1 Prise Zucker, etwas Muskatnuss und Zitronenschale glatt rühren und den Teig damit bestreichen.

**4** Die Zwiebeln schälen, in dünne Streifen schneiden, mit Salz bestreuen und 1 bis 2 Minuten stehen lassen (so tritt Flüssigkeit aus, wodurch sie bei der starken Hitze im Ofen trotzdem schön saftig bleiben und nicht so schnell verbrennen).

**5** Inzwischen den Speck in etwa 1 cm breite Streifen schneiden und mit den Zwiebeln gleichmäßig auf dem Schmand verteilen. Dabei einen Rand von etwa 2 cm frei lassen. Den Flammkuchen im Ofen im unteren Drittel 15 bis 20 Minuten backen. Herausnehmen und sofort servieren.

**6** Währenddessen die Pfifferlinge gründlich putzen, falls nötig, waschen und trocken tupfen. Eine Pfanne bei mittlerer Temperatur erhitzen, das Öl mit einem Pinsel darin verstreichen und die Pilze etwa 2 Minuten anbraten. Mit etwas Chilisalz würzen und warm halten.

**7** Inzwischen den Salat putzen, waschen und trocken schleudern, ggf. in mundgerechte Stücke zupfen. Die Karotte schälen, die Radieschen putzen und waschen. Dann beides in feine Scheiben hobeln und mit Salat und Kräutern in einer großen Schüssel mischen. Mit Chilisalz, 1 Prise Zucker und etwas Zitronenschale würzen und mit Zitronensaft, Öl und Olivenöl beträufeln. Alles locker mischen und die Nüsse unterheben.

**8** Den Flammkuchen zum Servieren mit den Pfifferlingen belegen und nach Belieben mit Schnittlauchröllchen bestreuen.

# Brot-Thermometer

Er ist ein echter Jahrmarkt-Klassiker: kein Rummel ohne Flammkuchen. Seine Erfindung verdanken wir einer findigen Hausfrau, die damit testen wollte, ob der Brotofen schon die richtige Temperatur hatte. War der dünne Teigfladen schön resch, aber noch nicht verbrannt, dann war die Hitze im Ofen in Ordnung. Angeblich passierte das im Elsass, und weil die Franzosen Feinschmecker sind, wurde der Fladen flugs belegt: klassisch mit Zwiebeln und Speck oder mit Lauch und Sauerrahm. Diese Variante des Flammkuchens, ist dem Heiligen Laurentius gewidmet – dem Schutzpatron der Köche.

# Schwäbische Maultaschen auf Spitzkraut

**4 PERSONEN**

**FÜR DEN NUDELTEIG**
200 g Mehl
100 g Hartweizengrieß · 3 Eier
2–3 EL mildes Olivenöl · Salz

**FÜR DIE FÜLLUNG**
50 g Toastbrot · 50 ml Milch
1 kleine Zwiebel
80 g durchwachsener Räucherspeck · 1 TL Öl
250 g Blattspinat · Salz
200 g Kalbshackfleisch
150 g Bratwurstbrät
(vom Metzger)
1 großes Ei · 1 EL scharfer Senf
mildes Chilisalz
1 Msp. abgeriebene unbehandelte Zitronenschale
1 EL Petersilienblätter
(frisch geschnitten)

**FÜR DAS SPITZKRAUT**
½ Zwiebel
1 rote Paprikaschote
½ kleiner Spitzkohl
je ½ TL ganzer Kümmel und Korianderkörner für die Gewürzmühle
½ TL Öl · 80 ml Hühnerbrühe
1 EL Petersilienblätter
(frisch geschnitten)
getr. Majoran
mildes Chilisalz
1 Msp. abgeriebene unbehandelte Limettenschale
1 EL braune Butter (siehe S. 17)

**ZUBEREITUNG**

**1** Für den Nudelteig Mehl, Grieß, Eier, Olivenöl und 1 Prise Salz zu einem festen, glatten Nudelteig verkneten. In Frischhaltefolie wickeln und im Kühlschrank etwa 30 Minuten ruhen lassen.

**2** Für die Füllung das Toastbrot in kleine Würfel schneiden und in einer Schüssel in der Milch einweichen. Die Zwiebel schälen und in feine Würfel schneiden. Den Speck in kleine Würfel schneiden. Eine Pfanne bei mittlerer Temperatur erhitzen, das Öl mit einem Pinsel darin verstreichen und die Speckwürfel anbraten. Die Zwiebel nach wenigen Minuten hinzufügen und mit andünsten. Alles in ein Sieb geben und abtropfen lassen.

**3** Die Spinatblätter verlesen, waschen und trocken schleudern, grobe Stiele entfernen. In kochendem Salzwasser etwa 2 Minuten blanchieren. In ein Sieb abgießen, kalt abschrecken und abtropfen lassen. Mit den Händen das übrige Wasser ausdrücken und den Spinat klein hacken.

**4** Das Hackfleisch mit dem Wurstbrät zum eingeweichten Brot in die Schüssel geben. Das Ei verquirlen und hinzufügen. Senf, Speck-Zwiebel-Mischung und Spinat ebenfalls dazugeben und alles gut mischen. Die Hackfleischmasse mit Chilisalz, Zitronenschale und Petersilie würzen und in einen Spritzbeutel mit Lochtülle (ca. 2 ½ cm Durchmesser) füllen.

**5** Den Nudelteig mit dem Nudelholz in nicht zu dünne, 10 bis 12 cm breite Bahnen ausrollen, dabei mit etwas Mehl bestäuben (jede Teigbahn nach dem Ausrollen mit Frischhaltefolie bedecken). Jede Teigbahn mit verquirltem Ei bestreichen und mit dem Spritzbeutel etwas Füllung in einem langen Strang längs auf das untere Drittel spritzen.

**6** Die gefüllte Nudelbahn der Länge nach aufrollen. Mit einem Kochlöffelstiel im Abstand von etwa 3 cm eindrücken, dort die Maultaschen durchschneiden und die Teigenden von jeder Maultasche nochmals etwas andrücken. Dann mit etwas Abstand zueinander auf großzügig mit Grieß bestreute Tabletts legen.

**7** Für das Spitzkraut die Zwiebel schälen und in feine Würfel schneiden. Die Paprikaschote längs halbieren, entkernen, waschen und mit einem Sparschäler schälen. Dann in etwa ½ cm große Würfel schneiden. Vom Spitzkohl die äußeren Blätter entfernen, den Kohl halbieren und den harten Strunk entfernen. Den Kohl in 1 ½ bis 2 cm große Rauten bzw. Blätter schneiden. Kümmel und Koriander in eine Gewürzmühle füllen.

**8** Eine tiefe Pfanne bei milder Temperatur erhitzen, das Öl mit einem Pinsel darin verstreichen und Zwiebel und Paprika andünsten. Das Kraut unterrühren, die Brühe dazugießen und alles wenige Minuten dünsten. Die Petersilie hinzufügen, mit 1 Prise Majoran, der Mischung aus der Gewürzmühle, Chilisalz und Limettenschale würzen und die braune Butter unterrühren, warm halten.

**9** Die Apfelhälfte waschen, halbieren, entkernen und in ½ cm große Würfel schneiden. Zum Servieren die Maultaschen in leicht siedendem Salzwasser (oder in der Gemüsebrühe) 5 bis 8 Minuten ziehen lassen. In einer großen Pfanne die braune Butter erwärmen und mit Chilisalz würzen. Die Maultaschen mit dem Schaumlöffel herausnehmen und in der braunen Butter wenden. Das Spitzkraut auf vorgewärmte Teller verteilen, mit den Apfelwürfeln bestreuen und die Maultaschen daraufsetzen. Zuletzt mit den Schnittlauchröllchen bestreuen.

**AUSSERDEM**

Mehl zum Arbeiten
1 verquirltes Ei
5 EL Hartweizengrieß fürs Tablett
½ Apfel
Salz oder 3–4 l Gemüsebrühe
5 EL braune Butter (siehe S. 17)
mildes Chilisalz
1 EL Schnittlauchröllchen (frisch geschnitten)

# Herrgott noch mal!

Wasser predigen – und Wein trinken. So kann man das Verhalten mancher Mönche zusammenfassen, wenn es um die Umgehung der Fastenzeit ging. Die bayerischen Ordensmänner haben flugs die fünfte Jahreszeit erfunden, um mit dem Starkbier die lange Durststrecke fleischlicher Entbehrungen zu überbrücken.

Und die findige schwäbische Verwandtschaft versteckte das Fleisch im Nudelteig, damit der liebe Herrgott es nicht sieht. Maultaschen heißen sie offiziell, im Volksmund werden sie jedoch deshalb auch Herrgottsbscheißerle genannt. Erfunden wurden sie angeblich im Namen gebenden Kloster Maulbronn.

# Rote-Bete-Maultaschen mit Mohnbutter

**4 PERSONEN**

**FÜR DEN NUDELTEIG**
1 Rezept Maultaschenteig (siehe Schwäbische Maultaschen, S. 42)

**FÜR DIE FÜLLUNG**
1 reife Birne
400 g Rote Beten (vorgegart und vakuumiert)
je ½ TL ganzer Kümmel, Koriander-, Pfefferkörner und Zimtsplitter für die Gewürzmühle
mildes Chilisalz

**FÜR DIE MOHNBUTTER**
1 EL Mohnsamen
80 g braune Butter
mildes Chilisalz

**AUSSERDEM**
Mehl zum Arbeiten
1 verquirltes Ei
5 EL Hartweizengrieß fürs Tablett
Salz oder 3–4 l Gemüsebrühe

**ZUBEREITUNG**

1 Für den Nudelteig die Zutaten wie auf S. 42 beschrieben zu einem Teig verkneten und ruhen lassen.

2 Für die Füllung die Birne waschen, vierteln, entkernen und in 3 bis 4 mm kleine Würfel schneiden. Die Roten Beten ebenfalls in 3 bis 4 mm kleine Würfel schneiden (dazu am besten Einweghandschuhe tragen!). Birne und Rote Beten in einer Schüssel mischen. Kümmel, Koriander, Pfeffer und Zimt in eine Gewürzmühle füllen. Birne-Beten-Mix mit Chilisalz und der Mischung aus der Gewürzmühle würzen.

3 Den Nudelteig mit dem Nudelholz in nicht zu dünne, etwa 10 cm breite Bahnen ausrollen, dabei mit etwas Mehl bestäuben (jede Teigbahn nach dem Ausrollen mit Frischhaltefolie bedecken). Jede Teigbahn mit verquirltem Ei bestreichen und mit einem Teelöffel jeweils etwas Füllung längs auf das untere Drittel in einem langen Strang spritzen.

4 Die Teigbahn darüber längs einschlagen und um die Füllung herum leicht aneinanderdrücken, mit einem gezackten Ravioliausstecher (ca. 7 cm Durchmesser) halbmondförmige Ravioli ausstechen. Dann mit etwas Abstand zueinander auf großzügig mit Grieß bestreute Tabletts legen.

5 Für die Mohnbutter den Mohn in einer Pfanne ohne Fett bei milder Hitze anrösten, dann herausnehmen und etwas abkühlen lassen. Die Pfanne ebenfalls etwas abkühlen lassen, dann die braune Butter und den Mohn darin erwärmen und mit Chilisalz würzen.

6 Zum Servieren die Maultaschen in leicht siedendem Salzwasser (oder in der Gemüsebrühe) etwa 5 Minuten ziehen lassen. Die Maultaschen mit dem Schaumlöffel herausnehmen und in der Mohnbutter wenden, dann auf vorgewärmte Teller verteilen und servieren.

# Brezn-Weißwurst-Knödel mit Senfsauce

**4 PERSONEN**

**FÜR DIE KNÖDEL**
250 g weiche Laugenstangen (vom Vortag)
250 ml Milch
2 Eier · 4 Eigelb
mildes Chilisalz
frisch geriebene Muskatnuss
1 TL abgeriebene unbehandelte Zitronenschale
6 Weißwürste
½ Zwiebel
1 EL Petersilienblätter (frisch geschnitten)
2–3 EL braune Butter (siehe S. 17)

**FÜR DIE SAUCE**
125 ml Gemüsebrühe
125 g Sahne
1 EL scharfer Senf
1 EL süßer Senf
abgeriebene Schale von ½ unbehandelten Limette
mildes Chilisalz

**ZUBEREITUNG**

1  Für die Knödel von den Laugenstangen das Salz entfernen und die Stangen in 1 cm große Würfel schneiden. Die Milch aufkochen und vom Herd nehmen, die Eier nacheinander unter die Milch rühren, dann die Eigelbe untermischen. Die Eiermilch mit Chilisalz, 1 Prise Muskatnuss und der Zitronenschale würzen und mit den Laugenwürfeln locker und gleichmäßig mischen, die Masse etwa 10 Minuten ziehen lassen.

2  Inzwischen die Weißwürste häuten und in etwa 1 cm große Würfel schneiden. Die Zwiebel schälen, in feine Würfel schneiden und in einer Pfanne mit 80 ml Wasser weich garen, bis die Flüssigkeit eingekocht ist. Die Zwiebelwürfel mit Weißwurst und Petersilie unter die Laugenmasse mischen und alles nochmals mit Chilisalz und Muskatnuss abschmecken.

3  Vier Blätter starke Alufolie jeweils mit Frischhaltefolie belegen. Jeweils ein Viertel der Knödelmasse daraufsetzen und zu einer Rolle (ca. 5 cm Durchmesser) formen, erst in die Frischhaltefolie einrollen, dann in die Alufolie wickeln. Die Enden der Alufolie etwas andrücken und so verdrehen, dass jeweils eine formschöne Rolle entsteht.

4  Die Knödelrollen in einem großen Topf im leicht siedenden Wasser 25 bis 30 Minuten garen. Aus dem Wasser heben und etwa 20 Minuten ruhen lassen. Zum Servieren auswickeln, die Rollen leicht schräg in etwa 1½ cm dicke Scheiben schneiden und in etwas brauner Butter bei mittlerer Hitze auf beiden Seiten goldbraun braten (siehe Tipp).

5  Für die Sauce währenddessen die Brühe und Sahne in einem kleinen Topf erhitzen und beide Senfsorten unterrühren. Die Sauce mit Limettenschale und Chilisalz würzen und kurz erhitzen, aber nicht kochen lassen. Die Sauce auf vorgewärmte Teller verteilen und die Knödelscheiben darauf anrichten. Nach Belieben mit Majoranblättchen garnieren.

## Tipp

Sie können die Knödelscheiben auch ohne zusätzliches Anbraten in brauner Butter anrichten und servieren. Damit sich die Rollen gut schneiden lassen, am besten nach dem Herausnehmen aus dem Wasser noch etwa 5 Minuten ruhen lassen – dann werden sie kompakter.

# Die Weißwurst ist eine Bockwurst

Ausnahmsweise geht es hier einmal wirklich um die Wurst. Denn die Enthüllung über die tatsächliche Entstehung der Münchner Weißwurst ist so dramatisch, dass sie so manchem Zeitgenossen die Zornesröte ins Gesicht treiben dürfte, wenn hier mit einer geliebten Legende aufgeräumt wird.

Der Dank dafür gebührt dem ehemaligen Leiter des Münchner Stadtarchivs, Richard Bauer, der an den Grundfesten dieser Entstehungsgeschichte gerüttelt hat. Angeblich erblickte die Spezialität am 22. Februar 1857 das Licht der Welt, passenderweise in der Gaststätte „Zum Ewigen Licht" am Marienplatz. Und angeblich sind dem Wirt Sepp Moser am Faschingssonntag die Schafsaitlinge für seine Bratwürste ausgegangen, sodass er das Kalbsbrät in die viel weiteren Schweinsdärme gefüllt und die Würste dann gebrüht hat. Warum nicht gebraten – darüber gibt es keine Auskunft. Und auch an der Anwesenheit der Honoratioren, denen die neue Wurst gemundet haben soll, sind Zweifel angebracht, denn das „Ewige Licht" war eher eine dunkle Spelunke (daher auch der Name) als ein ordentliches Wirtshaus.

Viel wahrscheinlicher ist die Theorie, dass die Weißwurst eine leichte Abänderung der Münchner Bockwurst war. Sie wurde während der Maibockzeit (1. Mai bis Fronleichnam) als Grundlage für das gleichnamige Starkbier serviert. Sie war weiß, bestand ebenfalls aus Kalbs- und Schweinsbrät, wurde gebrüht und ihr Genuss war, wie es anno 1868 heißt, „außer München wohl überall unbekannt". Auf einer Darstellung des Bockkellers aus dem Jahr 1814 wird auch mit der Frage aufgeräumt, wie man die Weißwurst isst: Weder geschnitten, noch gepellt – der Münchner zuzelt.

# Currywurst mit Pommes

**4 PERSONEN**

**FÜR WURST UND SAUCE**
1 Zwiebel
1 EL brauner Zucker
2 EL Tomatenmark
500 g stückige Tomaten
(aus der Dose)
4 EL Ananassaft
100 ml Gemüsebrühe
mildes Chilisalz
1 EL mildes Currypulver
(siehe Tipp)
4 rote Bratwürste (Bockwürste)
1 TL Öl

**FÜR DIE POMMES**
2 kg große mehligkochende
Kartoffeln
Öl zum Frittieren
2 EL Maldon Sea Salt
(ersatzweise ein anderes Salz)
½–1 TL Currypulver
(siehe Tipp)

**ZUBEREITUNG**

1  Für Wurst und Sauce die Zwiebel schälen, in feine Würfel schneiden und in einem kleinen Topf mit dem Zucker bei mittlerer Hitze andünsten. Tomatenmark, stückige Tomaten, Ananassaft und Brühe hinzufügen und alles knapp unter dem Siedepunkt etwa 30 Minuten garen.

2  Die Zwiebelmischung in einen hohen Rührbecher geben, mit Chilisalz und Currypulver würzen, nach Belieben zusätzlich noch 1 Prise Chiliflocken hinzufügen und alles mit dem Stabmixer fein pürieren.

3  Für die Pommes die Kartoffeln schälen, in etwa 8 mm breite Stäbchen schneiden und in kaltes Wasser legen. Das Öl in einem großen Topf oder einer Fritteuse auf etwa 160 °C erhitzen. Die Kartoffelstäbchen aus dem Wasser nehmen, vollständig trocken tupfen und portionsweise erst etwa 3 Minuten vorbacken. (Das Fett schäumt beim Vorbacken durch den Wasseraustritt aus den Kartoffeln relativ stark, deshalb am besten in Portionen vorbacken.) Die Pommes mit dem Frittierlöffel aus dem Fett nehmen, abtropfen lassen und in einer Auflaufform oder auf einem Backblech beiseitestellen.

4  Die Bratwürste mit einem scharfen Messer mehrmals einschneiden. Eine Pfanne bei mittlerer Temperatur erhitzen, das Öl mit einem Pinsel darin verstreichen und die Bratwürste rundum hellbraun braten. Herausnehmen und sofort servieren.

5  Zum Servieren die Pommes im Fett bei 160 °C etwa 2 Minuten goldbraun fertig backen. Mit dem Frittierlöffel herausnehmen und auf Küchenpapier abtropfen lassen, in eine Schüssel geben und mit Salz und Curry würzen. Die Sauce auf Teller verteilen, die Currywurst darauflegen und die Pommes daneben anrichten.

## Tipp

Bei Currypulver können Sie ganz nach Wunsch wählen: Ich verwende sehr gern mildes Currypulver mit einem geringen Chilianteil. Es gibt jedoch verschiedenste Sorten wie zum Beispiel indisches oder scharfes Currypulver.

## Goldig, diese Wurst

Die Currywurst ist ein klassenloser Genuss. Im Rheinland zum Beispiel spricht man von einer „Manta-Platte", wenn sie mit Pommes, Ketchup und Mayo daherkommt. In Düsseldorf serviert man die Currywurst mit Blattgold von 18 Karat und elf Saucen. Wie wäre es mit dem Ehrentitel „Rolls-Royce-Platte"?

# Spaghetti „Sophia Loren"

**4 PERSONEN**

**FÜR DIE NUDELN**
500 g Spaghettini
(dünne Spaghetti)
Salz · 3 Scheiben Ingwer
1 Lorbeerblatt
1 kleine getr. rote Chilischote

**FÜR DIE SAUCE**
16 Sardellenfilets
(in Öl oder Salz)
30 g weiche Butter
600 ml Hühnerbrühe
350 g passierte Tomaten
(aus der Dose)
4 fein geriebene Knoblauchzehen
Salz · Pfeffer aus der Mühle
Zucker · milde Chiliflocken
2 EL Kapern
1–2 EL Petersilienblätter
(frisch geschnitten)

**AUSSERDEM**
1 Handvoll Parmesanspäne

**ZUBEREITUNG**

**1** Für die Pasta die Nudeln in reichlich kochendem Salzwasser (am besten kräftig salzen!) mit Ingwer, Lorbeerblatt und Chilischote 3 bis 4 Minuten kürzer als auf der Packung angegeben sehr bissfest garen, dabei ab und zu umrühren.

**2** Die Nudeln in ein Sieb abgießen und abtropfen lassen, dabei die Gewürze entfernen. Die Nudeln sofort weiter verarbeiten (alternativ auf einem Backblech verteilen und mit 2 EL Olivenöl mischen).

**3** Für die Sauce die Sardellenfilets trocken tupfen, klein hacken und mit der weichen Butter verrühren. Brühe und passierte Tomaten in einer großen Pfanne verrühren und erhitzen. Den Knoblauch unterrühren und die Sauce mit Salz, Pfeffer, 1 Prise Zucker und 1 Msp. Chiliflocken würzen. Danach die Sardellenbutter unterrühren und die Kapern hinzufügen.

**4** Die vorgegarten Nudeln zur Sauce geben und darin köcheln lassen, bis um die Nudeln herum eine sämige Sauce entstanden ist. Zuletzt die Petersilie hinzufügen.

**5** Die Spaghetti auf vorgewärmte Pastateller verteilen und mit den Parmesanspänen bestreuen. Nach Belieben mit Basilikumblättern, Sardellenfilets und Kapern garnieren.

## Tipp

Sie können die Nudeln vorgekocht gut mehrere Tag aufbewahren. Dazu einfach nach dem Vorgaren 2 EL Olivenöl untermischen, die Pasta in eine gut schließende Plastikbox füllen und in den Kühlschrank stellen. Durch die Zugabe des Öls kleben die Nudeln nicht aneinander und lassen sich jederzeit auch portionsweise entnehmen.

# Nudeln für eine Diva

Vermutlich ist es Sophia Lorens berühmtestes Zitat. „Alles, was Sie hier sehen", sagte die Filmdiva eines Tages und strich mit beiden Händen an ihrer kurvigen Figur hinunter, „verdanke ich den Spaghetti!" Die italienische Monroe war in der Tat ein großer Nudelfan. Pasta musste immerzu und im Handumdrehen auf dem Tisch stehen. Deshalb hatte die Loren stets Sardellenbutter im Kühlschrank, mit der sie ihre Spaghetti in Sekundenschnelle zu einer Delikatesse veredeln konnte.

# Risotto „Giuseppe Verdi" mit Seeteufel

**4 PERSONEN**

**FÜR DAS RISOTTO**
10 Safranfäden
800–900 ml Gemüsebrühe
150 g grüner Spargel
80 g feste Champignons
250 g Risottoreis (z.B. Arborio, Carnaroli oder Vialone nero)
1 fein geriebene Knoblauchzehe
½ TL fein geriebener Ingwer
4 EL geriebener Parmesan

**FÜR DAS GEMÜSE**
2 Tomaten
100 g Zucchini
50 ml Gemüsebrühe
1 TL kalte Butter
mildes Chilisalz
frisch geriebene Muskatnuss

**FÜR DEN FISCH**
je ½ TL Fenchelsamen, ganzer Kümmel, Koriander- und Pfefferkörner für die Gewürzmühle
8 Seeteufelmedaillons (à ca. 60 g)
8 Scheiben Parmaschinken
1 TL Öl

**ZUBEREITUNG**

**1** Für das Risotto die Safranfäden mit 5 EL warmer Brühe verrühren und etwa 10 Minuten ziehen lassen. Inzwischen den grünen Spargel waschen und im unteren Drittel schälen, die holzigen Enden abschneiden. Die Stangen schräg in etwa ½ cm dicke Stücke schneiden, dabei die Spitzen für das Gemüse beiseitelegen. Die Pilze putzen, trocken abreiben und vierteln.

**2** Risottoreis und ¾ l Brühe in einen Topf geben, die Safranmischung unterrühren und mit einem Blatt Backpapier bedecken. Alles erhitzen und knapp unter dem Siedepunkt 18 bis 20 Minuten garen, bis der Reis die Flüssigkeit gerade aufgenommen hat. Nach etwa 15 Minuten Spargelscheiben und Champignons mit Knoblauch und Ingwer unterrühren. Bei Bedarf noch Brühe nachgießen. Den Parmesan unterrühren, warm halten.

**3** Währenddessen für das Gemüse die Tomaten waschen, kreuzweise einritzen, überbrühen, kalt abschrecken, danach häuten, vierteln und entkernen. Die Tomatenviertel in etwa 1 cm große Filets schneiden. Die Zucchini putzen, waschen, längs vierteln und sehr schräg in etwa ½ cm dicke Scheiben schneiden.

**4** Die beiseitegelegten Spargelspitzen (vom Risotto) und die Zucchini mit der Brühe in einen Topf geben, mit einem Blatt Backpapier bedecken und knapp unter dem Siedepunkt etwa 8 Minuten bissfest garen. Die kalte Butter unterrühren, die Tomatenfilets hinzufügen und alles jeweils mit etwas Chilisalz und Muskatnuss würzen, warm halten.

**5** Für den Fisch Fenchel, Kümmel, Koriander und Pfeffer in eine Gewürzmühle füllen. Die Seeteufelmedaillons waschen, trocken tupfen, mit der Mischung aus der Gewürzmühle würzen und jeweils in 1 Scheibe Parmaschinken wickeln. Eine große Pfanne bei mittlerer Temperatur erhitzen, das Öl mit einem Pinsel darin verstreichen und die Seeteufelpäckchen auf beiden Seiten jeweils knapp 2 Minuten anbraten.

**6** Das Risotto auf vorgewärmte tiefe Teller verteilen, je 2 Seeteufelstücke daraufsetzen und mit dem Gemüse garnieren.

# Geschmacks-Oper

Trivial waren weder seine Opern noch sein Geschmack. Giuseppe Verdi (1813–1901) war ein passionierter Feinschmecker. Auf seinem Gut in der Po-Ebene ließ er die besten Produkte anbauen.

Außerdem kochte er gerne, zum Beispiel sein Risotto in mehreren (Koch-)Akten. Verdis Frau sagte einmal nach einer gefeierten Opernpremiere: „Wenn das Publikum das Risotto von meinem Mann probiert hätte, was wäre das erst für ein Applaus gewesen." Dass Essen im Hause Verdi großgeschrieben wurde, sieht man auch an den Kosenamen: Giuseppe wurde von seiner Frau liebevoll „pasticcio" (Pastete) genannt.

# GEFLÜGEL & FLEISCH

Die Hauptspeise gilt als Höhepunkt beim Menü und deshalb wurde schon immer das Wertvollste serviert, was die Küche zu bieten hatte: Geflügel, Rind oder Schwein. Eher kuli*narr*isch ging es im Mittelalter zu. Da verzehrte man alles, was bei drei nicht auf – und sogar in – dem Baum war: Biber, Otter, Schwäne, ja sogar Flamingos und Pfauen. Da wurde mit Gold veredelt und kiloweise mit Gewürzen garniert. Dass bei so viel Zurschaustellung von Reichtum der (gute) Geschmack auf der Strecke geblieben ist, wen wundert es! Geflügel und Fleisch sind jedenfalls auch heute noch der wichtigste Gang. Warum der so heißt? Weil die Bediensteten jedes Mal wieder einen neuen Gang in die Küche machen mussten.

# Huhn Marengo

**4 PERSONEN**

**FÜR HÄHNCHEN UND SAUCE**

4 Hähnchenbrustfilets
(à 120–150 g; ohne Haut)
1 TL Öl · 80 ml Weißwein
200 g passierte Tomaten
(aus der Dose)
100 ml Hühnerbrühe
1 Lorbeerblatt
1 kleine getr. rote Chilischote
1 Msp. abgeriebene unbehandelte Orangenschale
italien. Kräuter
(ersatzweise je 1 Prise getr.
Bohnenkraut, Majoran, Oregano,
Rosmarin und Thymian)
Zucker · mildes Chilisalz
2 EL braune Butter (siehe S. 17)

**FÜR TOMATEN UND PILZE**

100 g Cocktailtomaten
80 g kleine feste Champignons
1 TL Öl · mildes Chilisalz

**FÜR TOAST UND GARNELEN**

4 Toastbrotscheiben · Salz
6 Garnelen
(entdarmt und geschält)
½ TL Öl · 1 EL braune Butter
3 Kardamomkapseln
(angedrückt)
3 cm Vanilleschote
1 Splitter Zimtrinde
mildes Chilisalz

**AUSSERDEM**

4 Spitzen Basilikum

**ZUBEREITUNG**

**1** Für das Hähnchen den Backofen auf 80 °C vorheizen. Die Hähnchenbrustfilets waschen und trocken tupfen (nach Belieben jeweils längs und etwas schräg in 3 Streifen schneiden). Eine große tiefe Pfanne bei mittlerer Temperatur erhitzen, das Öl mit einem Pinsel darin verstreichen und die Hähnchenstreifen auf beiden Seiten kurz anbraten. Nebeneinander auf einen großen ofenfesten Teller legen und im Ofen auf der mittleren Schiene 10 bis 15 Minuten ziehen lassen. Herausnehmen und beiseitestellen.

**2** Den Bratsatz in der Pfanne mit Wein ablöschen und passierte Tomaten und Brühe unterrühren. Lorbeerblatt, Chili, Orangenschale und 1 Prise Kräuter dazugeben, alles mit 1 Prise Zucker würzen und wenige Minuten sämig einköcheln lassen. Die Gewürze wieder entfernen und die Sauce mit Chilisalz abschmecken, warm halten. Zum Servieren die Hähnchenstreifen mit brauner Butter bestreichen und mit Chilisalz würzen.

**3** Für Tomaten und Pilze währenddessen die Cocktailtomaten waschen und halbieren. Die Pilze putzen und trocken abreiben. Eine Pfanne bei mittlerer Temperatur erhitzen, das Öl mit einem Pinsel darin verstreichen und die Pilze etwa 2 Minuten anbraten. Die Tomaten hinzufügen, kurz erhitzen und alles mit Chilisalz würzen, warm halten.

**4** Für Toast und Garnelen aus den Toastbrotscheiben 12 kleine Herzen ausstechen und in einer Pfanne ohne Fett bei milder Hitze auf beiden Seiten goldbraun rösten. Herausnehmen und leicht salzen.

**5** Die Garnelen waschen und trocken tupfen. Eine Pfanne bei mittlerer Temperatur erhitzen, das Öl mit einem Pinsel darin verstreichen und die Garnelen auf beiden Seiten etwa 1 ½ Minuten braten. Die Pfanne vom Herd nehmen, die braune Butter mit den ganzen Gewürzen und etwas Chilisalz unterrühren und die Garnelen in der Nachhitze der Pfanne noch 1 bis 2 Minuten ziehen lassen.

**6** Zum Servieren die Sauce auf vorgewärmte Teller verteilen, die Hähnchenstreifen und die Garnelen daraufsetzen. Tomaten und Champignons darauf verteilen und mit Basilikum garnieren.

## Tipp

Wer will, setzt noch je 2 Wachtelspiegeleier auf das Hähnchen: Dazu 1 bis 2 TL braune Butter in einer Pfanne mit einem Pinsel verstreichen und etwas salzen. 8 Wachteleier mit einem Sägemesser anritzen, in die Pfanne schlagen und 2 bis 3 Minuten zu kleinen Spiegeleiern stocken lassen.

# Große Herrscher – großer Hunger

Was für Bismarck galt, trifft auch auf den großen Napoleon Bonaparte zu. Der Kaiser (1769–1821) war – mit Verlaub – ein echter Vielfraß. Und das vor oder wahlweise nach der Schlacht. Im piemontesischen Marengo anno 1800 mussten Napoleons Köche improvisieren.

Außer einem Huhn, Champignons, Eiern, Cognac und ein paar Flusskrebsen war in dem Kriegsgebiet (es ging übrigens gegen die Österreicher) nichts anderes aufzutreiben. Der Koch zauberte ein wenig und schon wurde aus der Not Bonapartes Leibgericht: Huhn Marengo stand fortan vor allem vor den großen Schlachten auf dem Speisezettel.

Nur ein einziges Mal hatte der Küchenchef keine Flusskrebse parat. Und prompt verlor der kleine große Kaiser seine entscheidende Schlacht gegen den britischen General Wellington, es war sein Waterloo.

# Bayerisches Eisbein

**4 PERSONEN**

**FÜR DAS GAREN DER HAXE**

1 Zwiebel · 1 Lorbeerblatt
2 Gewürznelken · 1 TL Zucker
1 gepökelte hintere Schweinshaxe (ca. 1 ½ kg)
3 Scheiben Ingwer
1 TL Pfefferkörner
½ TL ganzer Kümmel
2 kleine getr. rote Chilischoten
3 Wacholderbeeren (angedrückt)

**ZUM SERVIEREN DER HAXE**

4 EL braune Butter (siehe S. 17)
5 Wacholderbeeren (angedrückt)
1 Lorbeerblatt
1 kleine getr. rote Chilischote
1 Scheibe Ingwer
1 Knoblauchzehe (in Scheiben)

**FÜR DIE SAUCE**

80 g mehligkochende Kartoffel
300 ml Hühnerbrühe
(oder Kochsud von der Haxe)
80 g Sahne
1–2 EL Sahnemeerrettich
½–1 TL scharfer Senf
mildes Chilisalz
frisch geriebene Muskatnuss
1 EL Schnittlauchröllchen
(frisch geschnitten)

**FÜR DEN WIRSING**

½ Wirsing · Salz · 2 Karotten
100 ml Hühnerbrühe
2 EL braune Butter
mildes Chilisalz
frisch geriebene Muskatnuss
2 EL grob gehackte Walnüsse

**ZUBEREITUNG**

**1** Für die Haxe in einem großen Topf 4 l Wasser aufsetzen. Die Zwiebel schälen und das Lorbeerblatt mit den Gewürznelken darauf feststecken. Die gespickte Zwiebel mit dem Zucker in den Sud geben und aufkochen.

**2** Die Schweinshaxe waschen und im Sud etwa 3 ½ Stunden weich köcheln, bis sich das Fleisch vom Knochen lösen lässt. Dabei etwa 30 Minuten vor Ende der Garzeit Ingwer, Pfefferkörner, Kümmel, Chilischoten und Wacholderbeeren hinzufügen.

**3** Anschließend die Haxe aus dem Kochsud heben und etwas abkühlen lassen, die Schwarte (nach Belieben dazu servieren) und Knochen entfernen. Das magere Fleisch (ca. 650 g) in seine natürlichen Segmente teilen und bis zum Servieren im Sud warm halten.

**4** Währenddessen für die Sauce die Kartoffel schälen, waschen, in etwa 1 cm große Würfel schneiden und in der Brühe etwa 20 Minuten weich garen. Dann die Sahne mit Meerrettich und Senf dazugeben und alles mit dem Stabmixer fein pürieren. Die Sauce mit Chilisalz und etwas Muskatnuss abschmecken und den Schnittlauch unterrühren.

**5** Für den Wirsing den Kohl putzen, waschen und vierteln, den harten Strunk entfernen. Den Wirsing in die einzelnen Blätter teilen, diese waschen und in etwa 1 ½ cm große Stücke schneiden. In Salzwasser 6 bis 8 Minuten gerade weich garen, in ein Sieb abgießen, kalt abschrecken und abtropfen lassen. Das übrige Wasser mit den Händen gut ausdrücken.

**6** Inzwischen die Karotten putzen, schälen und in 6 bis 8 mm große Würfel schneiden. Mit der Brühe in eine große tiefe Pfanne geben, mit einem Blatt Backpapier bedecken und knapp unter dem Siedepunkt 8 bis 10 Minuten weich garen.

**7** Den abgetropften Wirsing hinzufügen und darin erhitzen. Die braune Butter untermischen, den Wirsing mit Chilisalz und Muskatnuss würzen und die Walnüsse untermischen, warm halten.

**8** Zum Servieren der Haxe die braune Butter mit Wacholderbeeren, Lorbeerblatt, Chili, Ingwer und Knoblauch in einer Pfanne bei milder Temperatur erhitzen. Die Fleischsegmente in etwa 1 cm dicke Scheiben schneiden und darin wenden. Den Wirsing auf vorgewärmte Teller verteilen, die Fleischscheiben darauflegen und die Sauce darum herumverteilen.

# Essen und Schlittschuhlaufen

So in etwa lässt sich die Nützlichkeit des Eisbeins beschreiben und auch, woher diese fast schon in Vergessenheit geratene Delikatesse ihren Namen hat. Der Knochen wurde früher als Kufe hergenommen. In Schweden heißen die Schlittschuhe deshalb auch heute noch Eisbein – isläggor, um genau zu sein! Gepflegt wird die kulinarische Eisbeintradition noch in Berlin. Dort gibt es ein Lokal, da wird nur diese Spezialität serviert. Das Restaurant heißt Eisbeineck. Logisch!

# Schweinebraten mit Semmelknödel und Krautsalat

**6–8 PERSONEN**

**FÜR DEN BRATEN**
1 l Hühnerbrühe
1 ½ kg Wammerl
(Schweinebauch mit Schwarte)
3 Zwiebeln
½ Karotte
150 g Knollensellerie
1 TL Puderzucker
1 EL Tomatenmark
150 ml leichter Rotwein
Salz
1 EL Speisestärke
2 Knoblauchzehen (in Scheiben)
1 Scheibe Ingwer
½–1 TL getr. Majoran
½ TL ganzer Kümmel
1 kleines Lorbeerblatt
mildes Chilisalz

**ZUBEREITUNG**

**1** Für den Braten den Backofen auf 130 °C vorheizen. ½ l Brühe in einen ofenfesten Bräter gießen, den Schweinebauch auf der Schwartenseite hineinsetzen und im Ofen auf der mittleren Schiene etwa 1 Stunde garen.

**2** Dann den Schweinebauch aus dem Bräter nehmen und die Backofentemperatur auf 160 °C erhöhen. Die Schwarte mit einem scharfen Messer im Abstand von etwa 1 cm mehrmals parallel und quer zur Faser einschneiden – so wie der Braten dann zum Servieren in Scheiben geschnitten wird. Die Zwiebeln schälen, Karotte und Sellerie putzen und schälen. Die Zwiebeln in Spalten, die Karotte schräg in etwa ½ cm dicke Scheiben, den Sellerie in etwa 1 cm große Würfel schneiden.

**3** Die Brühe aus dem Bräter gießen und beiseitestellen. Den Bräter mit Küchenpapier trocken tupfen, bei mittlerer Temperatur erhitzen und den Puderzucker darin hell karamellisieren. Das Gemüse mit dem Tomatenmark hinzufügen und kurz andünsten.

**4** Den Wein dazugießen und sämig einköcheln lassen. Die beiseitegestellte sowie die restliche Brühe dazugießen. Den Schweinebauch mit der Schwarte nach oben auf das Gemüse setzen und alles offen im Ofen im unteren Drittel noch etwa 2 Stunden garen.

**5** Anschließend den Bräter aus dem Ofen nehmen und auf ein Backblech setzen. Die Backofentemperatur auf 220 bis 230 °C Oberhitze erhöhen. Die Schwarte mit Salz würzen und den Braten im Ofen auf der unteren Schiene noch 20 bis 30 Minuten knusprig braten.

**6** Inzwischen die Sauce aus dem Bräter durch ein Sieb in einen Topf gießen, dabei das Gemüse etwas ausdrücken und entfernen. Die Sauce nach Belieben entfetten, dann noch etwas einköcheln lassen. Die Speisestärke mit etwas kaltem Wasser glatt rühren, in die Sauce geben und köcheln lassen, bis diese leicht sämig bindet.

**7** Anschließend Knoblauch und Ingwer mit Majoran, Kümmel und Lorbeerblatt in der Sauce 5 bis 10 Minuten ziehen lassen. Dann die Sauce durch ein Sieb passieren, dabei die Gewürze entfernen, und mit Chilisalz abschmecken, warm halten.

Fortsetzung nächste Seite

**FÜR DIE SEMMELKNÖDEL
(8 STÜCK)**

300 g altbackene Brötchen oder Weißbrot (jeweils vom Vortag)
¼ l Milch · 3 Eier
Salz · Pfeffer aus der Mühle
frisch geriebene Muskatnuss
1 EL Petersilienblätter
(frisch geschnitten)
1 Lorbeerblatt
1 kleine getr. rote Chilischote
2 Scheiben Ingwer

**FÜR DEN KRAUTSALAT**

1 kleiner junger Weißkohl (ca. 500 g)
ca. 1 TL Salz · ca. 1 TL Zucker
1 Apfel · 2 EL Weißweinessig
2 EL Öl
¼–½ TL gemahlener Kümmel
1 EL Petersilienblätter
(frisch geschnitten)

**8** Während der Braten im Ofen gart, für die Knödel die Brötchen in sehr dünne Scheiben schneiden. Die Milch aufkochen und vom Herd nehmen. Die Eier verquirlen, die heiße Milch unterrühren und mit Salz, Pfeffer und 1 Prise Muskatnuss würzen. Die Eiermilch über die Brotscheiben gießen, die Petersilie hinzufügen und alles mit den Händen zu einer kompakten Masse verkneten. Zugedeckt etwa 20 Minuten ziehen lassen.

**9** Aus der Brotmasse mit angefeuchteten Händen 8 Knödel formen. In einem großen Topf reichlich Salzwasser aufkochen, Lorbeerblatt, Chilischote und Ingwer hinzufügen und die Knödel darin knapp unter dem Siedepunkt 15 bis 20 Minuten gar ziehen lassen. Herausnehmen, abtropfen lassen und warm halten.

**10** Für den Krautsalat vom Weißkohl die äußeren Blätter entfernen, den Kohl vierteln und den harten Strunk entfernen. Die Viertel auf der Gemüsereibe fein hobeln (siehe Tipp) oder mit dem Messer in feine Streifen schneiden. In einer Schüssel mit Salz und Zucker bestreuen, leicht verkneten und 10 bis 15 Minuten ziehen lassen.

**11** Inzwischen den Apfel waschen, vierteln und entkernen. Die Viertel in ½ cm große Würfel schneiden. Essig und Öl unter das Kraut mischen und Kümmel, Petersilie und Apfelwürfel unterheben. Den Salat 10 bis 15 Minuten ziehen lassen, dann nochmals abschmecken.

**12** Zum Servieren den Braten aus dem Ofen nehmen, entlang der Schnitte in der Schwarte in Scheiben schneiden und mit der Bratensauce und den Knödeln auf vorgewärmten Tellern anrichten. Den Krautsalat dazu reichen.

# Tipp

Der Weißkohl lässt sich leichter hobeln, wenn der Strunk noch an den Kohlvierteln ist – er hält die Blätter zusammen. Idealerweise hobeln Sie die Kohlviertel so, dass der Strunk am Ende übrig bleibt und entfernt werden kann.

# Der bayerische Kultbraten

Beim Schweinebraten kann man in Bayern zwei Todsünden begehen. Erstens: Man vergisst das „s", weil es nämlich korrekt Schweinsbraten heißt. Und zweitens: Die Kruste ist nicht resch, sondern bloß „lätschert", also weich wie ein Gummiadler.

Es gibt wohl kein bayerisches Gericht, um das so ein Kult betrieben wird wie um den Schweinsbraten. Essenskritiker haben sogar einen geheimen Index, wenn es um die Beurteilung einer Wirtschaft geht. Da wird zuerst die Qualität des Schweinsbratens getestet und wenn der nicht in Ordnung ist, dann fällt schon fast das ganze Restaurant durch. Früher, als die Menschen noch gottesfürchtig waren, hat es auch eine verlässliche Maßeinheit gegeben, wie lange ein Schweinsbraten im Rohr schmoren musste: exakt die Zeit, die der Sonntagsgottesdienst gedauert hat – eingerechnet die Anreise und das Ratschen nach der Messe.

## Mit Knödeln gegen Düsenjets

So ein Knödel ist schon eine runde Sache. Nicht nur, dass er als Semmel- oder Kartoffelknödel zu allem Gebratenen passt und auch kalt noch eine veritable Brotzeit abgibt. Nein, er war schon Gegenstand von Wettessen, bei dem ein gewisser Max Loibl anno 1914 den Rekord von 73 Knödeln aufgestellt hat.

Und so ein Knödel diente sogar als Munition, um tieffliegende Düsenjets zu vertreiben. Diese Geschichte des „Knödelkriegs" handelt vom Winter Helmut und spielt 1967 im Münchner Stadtteil Pasing. Eines Tages hatte der Helmut die Schnauze und die Ohren voll. Von den Luftwaffenstützpunkten Fürstenfeldbruck und Manching starteten täglich Amerikaner, Engländer und Deutsche mit ihren Starfightern und brachen just über Winters Haus die Schallmauer: „Wir konnten die Gesichter der Piloten im Cockpit sehen!"

Winter gab eine Annonce auf: „Flugabwehrgeschütz mit Munition gesucht zur Wiederherstellung der Ruhe und Ordnung im westlichen Luftraum Münchens", hieß es da ironisch. Tage später tauchten die ersten Reporter auf, die BBC machte Interviews, der BND überwachte das Anwesen. Als dem Pasinger die Sache zu ernst wurde, ließ er von einem Schreiner ein Katapult bauen – mit einer Reichweite von 60 Metern. Die Knödelwurfmaschine steigerte jedoch noch die Aufmerksamkeit der Medien. In 72 Ländern wurde über die „Dumpling Attacks" berichtet, die Newsweek druckte sogar ein Rezept über die „Ballistic Knödels". Erst kapitulierten die Amerikaner, dann auch alle anderen – und ließen die Starfighter auf neuen Routen fliegen. Besiegelt wurde dieses Ergebnis mit Militär und Revoluzzer stilecht natürlich bei einem Friedensknödelessen!

# Münchner Cordon bleu mit Kartoffel-Spargel-Gröstel

**4 PERSONEN**

**FÜR DAS CORDON BLEU**
120 g Weißwurstbrät
(vom Metzger)
1–2 EL Sahne
40 g Kochschinken
je 1 EL kleine Karotten- und
Zucchiniwürfel (à 2–3 mm)
Salz
4 Kalbsschnitzel (Schmetter-
lingsschnitt aus dem Rücken;
à ca. 140 g) · Öl für die Folie
Pfeffer aus der Mühle
je ½ TL Fenchelsamen, ganzer
Kümmel und Korianderkörner
für die Gewürzmühle
2 Eier
frisch geriebene Muskatnuss
100 g Weißbrotbrösel
100 g Panko (asiat. Paniermehl)
80 g doppelgriffiges Mehl
(Instant- oder Spätzlemehl)
150 ml Öl zum Ausbacken
4 unbehandelte Zitronenspalten

**FÜR DAS GRÖSTEL**
400 g festkochende
Mini-Kartoffeln · Salz
125 g grüner Spargel
125 g weißer Spargel
150 g Cocktailtomaten
50 ml Hühnerbrühe
1–2 TL Öl · mildes Chilisalz
1–2 TL Bratkartoffelgewürz
(ersatzweise gemahlener Kümmel
und getr. Majoran)
1 EL Schnittlauchröllchen
(frisch geschnitten)
1 EL kalte Butter

**ZUBEREITUNG**

**1** Für das Cordon bleu das Weißwurstbrät mit der Sahne glatt verrühren. Den Schinken in 2 bis 3 mm kleine Würfel schneiden. Karotten- und Zucchiniwürfel in Salzwasser etwa 2 Minuten garen, in ein Sieb abgießen, kalt abschrecken und abtropfen lassen. Schinken, Karotten und Zucchini unter die Brätmischung rühren.

**2** Für das Gröstel die Kartoffeln waschen und in Salzwasser etwa 20 Minuten weich garen. Abgießen, kurz ausdampfen lassen, pellen, abkühlen lassen und vierteln.

**3** Die Kalbsschnitzel zwischen zwei Lagen geölter Frischhaltefolie mit dem Plattiereisen dünn klopfen und leicht salzen und pfeffern. Jeweils eine Schnitzelhälfte mit einem Viertel des Weißwurstbräts bestreichen, das Fleisch zusammenklappen, gleichmäßig flach drücken und die Enden aneinanderdrücken.

**4** Fenchel, Kümmel und Koriander in eine Gewürzmühle füllen. Die Eier in einem tiefen Teller verquirlen und mit etwas Muskatnuss und der Mischung aus der Gewürzmühle würzen. Weißbrotbrösel und Panko mischen und wie das Mehl ebenfalls in einen tiefen Teller geben. Die gefüllten Kalbsschnitzel zunächst im Mehl wenden, dann durch die verquirlten Eier ziehen und zuletzt in den Weißbrotbröseln wenden.

**5** Das Öl in einer großen Pfanne bei milder Temperatur erhitzen. Die Schnitzel darin auf beiden Seiten langsam (damit die Fülle durchbäckt) jeweils etwa 4 Minuten goldgelb anbraten, dabei einmal wenden. Herausnehmen und auf Küchenpapier abtropfen lassen, warm halten.

**6** Inzwischen den Spargel waschen, den weißen ganz, den grünen nur im unteren Drittel schälen, von allen die holzigen Enden entfernen. Die Stangen schräg in 2 bis 3 cm lange Stücke schneiden. Die Tomaten waschen und halbieren. Den Spargel mit der Brühe in einen Topf geben, mit einem Blatt Backpapier bedecken und knapp unter dem Siedepunkt etwa 8 Minuten fast weich garen.

**7** Eine Pfanne bei mittlerer Temperatur erhitzen, das Öl mit einem Pinsel darin verstreichen und die Kartoffeln anbraten. Mit Chilisalz und Bratkartoffelgewürz würzen. Spargel und Tomaten mit Schnittlauch und kalter Butter untermischen. Das Cordon bleu auf vorgewärmte Teller verteilen, die Zitronenspalten dazulegen und das Gröstel daneben anrichten.

## Wer hat's erfunden?

Die Schweizer? Die Franzosen? Die Deutschen? Die schönste Legende vom Cordon bleu ist deshalb diplomatisch und international:

Angeblich wurde das gefüllte Schnitzel als Festessen serviert: und zwar Ende der 1920er-Jahre auf dem deutschen Dampfer „Bremen" vor der Küste von New York, weil Kapitän Leopold Ziegenbein soeben einen neuen Geschwindigkeitsrekord bei der Atlantiküberquerung aufgestellt hat. Derselbige wurde mit einem blauen Band, dem „Cordon bleu", ausgezeichnet. Der Schiffskoch war übrigens ein Schweizer.

# Wiener Schnitzel mit Kräuter-Kartoffel-Salat

**4 PERSONEN**

**FÜR DAS PESTO**
30 g gemischte Kräuterblätter
(z.B. Bärlauch, Dill, Kerbel,
Schnittlauch – je nach Saison)
50 g Petersilie
(Blätter und feine Stiele)
Salz
1 EL geröstete Mandelblättchen
½–1 kleine Knoblauchzehe
(in Scheiben)
1 Msp. fein geriebener Ingwer
1 Msp. abgeriebene unbehandelte Zitronenschale
50 ml Hühnerbrühe
5 EL Öl · mildes Chilisalz

**FÜR DEN SALAT**
1 kg festkochende Kartoffeln
Salz
1 kleine rote Zwiebel
350 ml Hühnerbrühe
3 EL Weißweinessig
1–2 TL Dijon-Senf
mildes Chilisalz · Zucker
2 Frühlingszwiebeln
2 Blätter Endiviensalat
5 Radieschen

**ZUBEREITUNG**

**1** Für das Pesto die Kräuter waschen und trocken tupfen. Die Petersilie waschen und in kochendem Salzwasser etwa 1 Minute blanchieren. In ein Sieb abgießen, kalt abschrecken und abtropfen lassen. Mit den Händen das übrige Wasser ausdrücken und die Blätter klein schneiden.

**2** Die übrigen Kräuter fein hacken. Petersilie und Kräuter mit Mandelblättchen, Knoblauch, Ingwer und Zitronenschale in den Blitzhacker geben. Brühe und Öl hinzufügen, alles mit Chilisalz würzen und zu einer feinkörnigen Paste pürieren.

**3** Für den Salat die Kartoffeln waschen und mit Schale in Salzwasser etwa 40 Minuten weich garen. Abgießen, kurz ausdampfen lassen und möglichst heiß pellen. Die Kartoffeln in dünne Scheiben schneiden, in eine Schüssel geben und noch heiß weiter verarbeiten.

**4** Die Zwiebel schälen und in feine Würfel schneiden. Die Brühe erhitzen, mit Essig und Senf in einem hohen Rührbecher mischen, mit Chilisalz und 1 Prise Zucker würzen und 1 Handvoll Kartoffelscheiben mit dem Stabmixer untermixen. Das Dressing nach und nach unter die Kartoffelscheiben mischen, sodass die Flüssigkeit vollständig gebunden ist. Anschließend die Zwiebelwürfel mit etwa 3 EL Pesto (Rest anderweitig verwenden, siehe Tipp S. 72) untermischen und den Salat nochmals abschmecken.

**5** Für die Schnitzel die Eier in einem tiefen Teller mit der Sahne verquirlen und mit 1 Prise Muskatnuss würzen. Weißbrotbrösel und Panko mischen und wie das Mehl ebenfalls in einen tiefen Teller geben.

**6** Die Kalbsschnitzel mit etwas Wasser besprenkeln und mit Salz und Pfeffer würzen. Die Schnitzel nacheinander zuerst im Mehl wenden, dabei überschüssiges Mehl abklopfen. Dann durch die Eier-Sahne-Mischung ziehen und zuletzt in der Bröselmischung wenden, ohne diese zu fest anzudrücken.

Fortsetzung nächste Seite

**FÜR DIE SCHNITZEL**
2 Eier · 1 EL Sahne
frisch geriebene Muskatnuss
120 g Weißbrotbrösel
80 g Panko (asiat. Paniermehl)
80 g doppelgriffiges Mehl
(Instant- oder Spätzlemehl)
8 kleine dünne Kalbsschnitzel
(aus der Oberschale; à ca. 60 g)
Salz · Pfeffer aus der Mühle
150 g Butterschmalz
1 unbehandelte Zitrone

**7** Das Butterschmalz in einer tiefen Pfanne erhitzen und die panierten Schnitzel darin bei mittlerer Hitze zuerst auf einer Seite goldbraun backen. Dann wenden und, falls nötig, noch etwas Fett dazugeben. Das flüssige Schmalz durch leichte Vorwärts- und Rückwärtsbewegungen der Pfanne über die Schnitzel „schwappen" lassen, sodass sich die Panade der Schnitzel wellenartig wölbt. (Zusätzlich die Schnitzel nach Belieben mit einem Löffel heißem Schmalz begießen, bis sie schön goldbraun sind.) Die Schnitzel aus der Pfanne nehmen und auf Küchenpapier abtropfen lassen.

**8** Die Frühlingszwiebeln putzen, waschen und in dünne Ringe schneiden. Die Endivienblätter putzen, waschen, trocken schleudern und in ½ cm breite Streifen schneiden. Die Radieschen putzen, waschen und in dünne Scheiben hobeln.

**9** Zum Servieren Frühlingszwiebeln, Endivienblätter und Radieschen unter den Kartoffelsalat heben. Die Zitrone heiß waschen, trocken abreiben und achteln. Die Schnitzel auf vorgewärmten Tellern anrichten und mit den Zitronenachteln garnieren. Den Kartoffelsalat daneben anrichten.

## Tipp

Übriges Pesto lässt sich gut aufbewahren: Einfach in ein Glas füllen, mit etwas Öl bedecken, das Glas verschließen und kühl stellen – so hält sich das Pesto mehrere Tage.

## Eine Legende und ihre Legenden

Kalb oder Schwein? Dick oder dünn? Radetzky oder nicht? Über das Wiener Schnitzel lässt sich vortrefflich streiten. Fangen wir mit der Herkunft an. Die Legende, dass Feldmarschall Radetzky anno 1857 das Schnitzel aus dem Piemont (cotoletta alla milanese) mitgebracht hat, ist zwar schön, aber historisch nicht belegt. Dem widerspricht die Tatsache, dass es schon weit vorher in der Wiener Küche panierte Speisen wie das Backhendl gab. Die einen wollen es jedenfalls so dünn, dass man darunter die Zeitung lesen kann, die anderen ein wenig dicker; die einen wollen Kalb (original), die anderen Schwein (Wiener Art). Eines jedoch war das Schnitzel schon immer: ein kulinarisches Statussymbol. Wer es sich nicht leisten konnte, der klopfte am Sonntag zumindest mit der flachen Hand mehrmals laut vernehmlich auf den Tisch, damit die Nachbarn glaubten, man klopfe ein Schnitzel.

# Königsberger Klopse

**4 PERSONEN**

**FÜR DIE KLOPSE**
1 Zwiebel · 2 Lorbeerblätter
3 Gewürznelken
2 l Hühnerbrühe
1 EL getr. Champignons
(Feinkostladen)
100 g entrindetes Toastbrot
5 Sardellenfilets (in Öl)
50 ml Milch · 2 Eier
1 EL scharfer Senf
500 g Kalbshackfleisch
2 EL Petersilienblätter
(frisch geschnitten)
mildes Chilisalz
frisch geriebene Muskatnuss
½ TL abgeriebene unbehandelte
Zitronenschale

**FÜR DEN REIS**
80 g Zuckerschoten · Salz
2 Tomaten
5 Kardamomkapseln
(angedrückt)
3 Scheiben Ingwer
2 Streifen unbehandelte
Limettenschale
150 g Jasmin- oder Basmatireis
1 EL braune Butter (siehe S. 17)

**FÜR DIE SAUCE**
3 schwach geh. EL Speisestärke
200 g Sahne · 2 EL kalte Butter
1 EL Kapern
1 Streifen unbehandelte
Zitronenschale
1 Spritzer Zitronensaft
mildes Chilisalz

**AUSSERDEM**
einige Kerbelblätter zum
Garnieren

**ZUBEREITUNG**

**1** Für den Kochsud die Zwiebel schälen und die Lorbeerblätter mit den Gewürznelken auf der Zwiebel feststecken. Die Brühe in einem großen Topf aufkochen, die gespickte Zwiebel mit den getrockneten Champignons hinzufügen und alles bis knapp unter den Siedepunkt erhitzen. Dann bis zur Verwendung bei gleichbleibender Hitze warm halten.

**2** Für die Klopse das Toastbrot in kleine Würfel schneiden und in eine Schüssel geben. Die Sardellen klein schneiden und mit Milch, Eiern und Senf in einem hohen Rührbecher mit dem Stabmixer glatt pürieren. Mit den Toastbrotwürfeln mischen, das Hackfleisch mit der Petersilie hinzufügen und alles mit Chilisalz, Muskatnuss und Zitronenschale kräftig würzen. Zu einem gleichmäßigen Teig verkneten, etwa 5 Minuten ziehen lassen und nochmals durchkneten.

**3** Dann aus der Masse mit angefeuchteten Händen etwa 12 Klopse formen und im heißen Kochsud knapp unter dem Siedepunkt 15 bis 20 Minuten gar ziehen lassen. Für die Sauce 650 ml Kochsud abnehmen, durch ein Sieb gießen und beiseitestellen. Die Klopse mit geschlossenem Deckel im restlichen Kochsud warm halten.

**4** Inzwischen für den Reis die Zuckerschoten putzen, waschen und in Salzwasser etwa 2 Minuten bissfest garen. In ein Sieb abgießen, kalt abschrecken und schräg in 1 cm breite Stücke schneiden. Die Tomaten waschen, kreuzweise einritzen, überbrühen, kalt abschrecken, häuten, vierteln und entkernen. Die Tomaten in ½ cm große Würfel schneiden.

**5** In einem Topf 1 l Wasser aufkochen, 1 EL Salz, Kardamom, Ingwer und Limettenschale hinzufügen. Den Reis unterrühren und darin etwa 7 Minuten weich garen. In ein Sieb abgießen, kurz abtropfen lassen und in den Topf zurückgeben, dabei die Gewürze entfernen. Zuckerschoten, Tomatenwürfel und braune Butter zum Reis geben und darin erwärmen.

**6** Für die Sauce die Speisestärke in etwas kaltem Wasser glatt rühren. Den beiseitegestellten Kochsud mit der Sahne in einem Topf aufkochen, die angerührte Speisestärke dazugeben und etwa 5 Minuten köcheln lassen, bis die Sauce sämig bindet. Dann die kalte Butter in Flöckchen mit dem Stabmixer unterrühren. Den Topf vom Herd nehmen und die Kapern hinzufügen. Die Zitronenschale darin etwa 2 Minuten ziehen lassen, dann wieder entfernen. Zuletzt die Sauce mit 1 Spritzer Zitronensaft und Chilisalz abschmecken.

**7** Zum Servieren die Klopse aus der Brühe heben, auf vorgewärmte Teller setzen und mit Sauce überziehen. Den Gemüsereis dazugeben und alles mit Kerbel garnieren.

## Klotzen mit Klopsen

Egal, ob Philosoph oder US-Präsident – die Königsberger Klopse haben eine große Fangemeinde. Schon der Gelehrte Immanuel Kant schätzte die Pflanzerl mit Kapernsauce sehr. Und Barack Obama löffelte sie bei einem Staatsbesuch in Berlin.

Erfunden hat sie angeblich die Kochmamsell eines Konsuls in Königsberg (dem heutigen Kaliningrad), der von seinen Reisen die damals noch exotischen Kapern mitgebracht hatte und so seine illustre Abendgesellschaft beeindrucken wollte.

# Hamburger mit Barbecue-Salat

**4 PERSONEN**

**FÜR DIE HAMBURGER**
700 g mageres Rinderhackfleisch (aus der Oberschale)
1 EL Steak- und Grillgewürz
mildes Chilisalz
1 TL Öl zum Braten

**FÜR DIE SAUCE**
200 g Tomatenketchup
1 EL Steak- und Grillgewürz
2 EL Espresso · 1 EL Whiskey
1 EL Ahornsirup
1 TL Dijon-Senf
1 fein geriebene Knoblauchzehe
½ TL fein geriebener Ingwer

**FÜR DEN SALAT**
2 Mini-Zucchini
½ rote Zwiebel
½ rote Paprikaschote
10 Cocktailtomaten
1 EL Kalamata-Oliven (ohne Stein)
½ TL Öl · mildes Chilisalz

**AUSSERDEM**
einige Blätter Romana-Salat und Frisée
4 Burger-Brötchen

**ZUBEREITUNG**

**1** Für die Hamburger das Hackfleisch mit Steak- und Grillgewürz und Chilisalz würzen und alles gut mischen. Aus der Hackmasse mit einem Hamburger-Former 4 Burger pressen (alternativ daraus mit angefeuchteten Händen 4 große, flache Bratlinge formen), zugedeckt kühl stellen.

**2** Für die Barbecue-Sauce alle Zutaten in einem kleinen Topf unter Rühren kurz erwärmen. Nach Belieben warm oder abgekühlt servieren.

**3** Für den Salat die Zucchini putzen, waschen, längs halbieren und in 3 bis 4 mm dünne Scheiben schneiden. Die Zwiebel schälen und in 1 cm große Blätter schneiden. Die Paprikaschote entkernen, waschen und in 1 cm große Würfel schneiden. Die Tomaten waschen und vierteln. Die Oliven in Scheiben schneiden.

**4** Eine große Pfanne bei mittlerer Temperatur erhitzen. Das Öl mit einem Pinsel darin verstreichen und Zucchini, Zwiebel und Paprika wenige Minuten andünsten. Tomaten und Oliven hinzufügen, alles mit Chilisalz würzen und 1 EL Barbecue-Sauce untermischen.

**5** Den Salat gründlich waschen und trocken schleudern, ggf. in mundgerechte Stücke zupfen. Die Brötchen quer aufschneiden und in einer Pfanne ohne Fett auf der Schnittseite hell rösten.

**6** Für die Burger eine Pfanne bei mittlerer Temperatur erhitzen und das Öl mit einem Pinsel darin verstreichen. Die Burger auf beiden Seiten 4 bis 5 Minuten braten und sofort servieren.

**7** Zum Servieren die unteren Hälften der Burger-Brötchen mit etwas Salat und 1 Burger belegen, den Barbecue-Salat darauf verteilen und die Sauce darüberträufeln. Zuletzt die Brötchenoberseiten darauflegen.

## Tipp

Nach Belieben können Sie zum Burger noch Pommes frites servieren — diese am besten nach dem Frittieren mit einer Mischung aus 1 EL Salz und 1 TL Currypulver würzen, wie bei der Currywurst (siehe S. 50) beschrieben.

# Fast Food ist fast Food

Hamburger, Hotdog und Currywurst. Willkommen im Fast-Food-Paradies. Sie alle tauchen erst in der jüngeren kulinarischen Geschichte auf, weshalb jede dieser Kalorienbomben einen Vater respektive eine Mutter hat. Und in einem Fall reicht die Blutlinie bis nach Bayern.

Der weltweit berühmteste Imbiss ist der Hamburger. Auch wenn er noch so deutsch klingt und eventuell schon als Buletten-Brötchen eine beliebte Zwischenmahlzeit der Hamburger Hafenarbeiter war, so richtig berühmt wurden die Fleischpflanzerl in der Gummi-Semmel erst auf der Landwirtschaftsausstellung von Seymour, Wisconsin. Dort verkaufte Charlie Nagreen (1870–1951) zunächst einmal Fleischbällchen (meat balls). Weil die Leute aber keine Zeit hatten, packte er sie kurzerhand zwischen zwei Brötchenhälften und nannte diese Kreation nach einem nahe gelegenen Ort, in dem es gutes Hackfleisch gab: Hamburg.

Ein anderes Nationalgericht der USA, der Hotdog, geht vermutlich auf einen Bayern zurück. Anton Ludwig Feuchtwanger arbeitete in den Straßen von St. Louis als Würstlverkäufer und verteilte seine Ware mitsamt Mehrweghandschuhen an die Kundschaft. Weil er diese aber oft nicht zurückbekam, kam seine Frau angeblich anno 1880 auf die Idee, die Wurst in zwei Brothälften zu packen.

Ebenfalls eine Frau, eine gewisse Herta Heuwer, soll die Currywurst wenn schon nicht erfunden, so doch durch ihre patentierte Chillup-Sauce (eine Kombi aus Chili und Ketchup) im Nachkriegsberlin zumindest populär gemacht haben. Aber wie so oft: Wenn das Kind hübsch wird, gibt es viele Väter, denn auch die Rheinländer und Hamburger reklamieren die Currywurst für sich.

# Tournedos „Rossini" mit Spargel und Romanesco

**4 PERSONEN**

**FÜR DIE TOURNEDOS**
½–1 TL Puderzucker
3 EL roter Portwein
4 EL Madeira
70 ml kräftiger Rotwein
400 ml dunkler Kalbsfond
(aus dem Glas)
1 schwach geh. TL Speisestärke
1 Knoblauchzehe (in Scheiben)
2 Scheiben Ingwer
je 1 Streifen unbehandelte
Orangen- und Zitronenschale
2 EL kalte Butter
mildes Chilisalz · etwas Trüffeleinlegesaft (siehe unten)
Öl zum Braten
8 kleinere Rinderfiletsteaks
(à ca. 100 g)

**FÜR DAS GEMÜSE**
200 g Romanesco
125 g weißer Spargel
125 g grüner Spargel
1 Bund Mini-Karotten (mit Grün)
50 ml Hühnerbrühe
1–2 EL braune Butter
(siehe S. 17)
mildes Chilisalz
frisch geriebene Muskatnuss

**FÜR DIE GÄNSELEBER**
4 große Gänselebern
(küchenfertig) · 1 EL Butter
1 kleine getr. rote Chilischote
3 cm Vanilleschote · Salz

**AUSSERDEM**
1 Trüffel (in Lake; in Scheiben)

**ZUBEREITUNG**

**1** Für die Sauce den Puderzucker in einer Pfanne bei mittlerer Hitze hell karamellisieren. Mit Portwein, Madeira und Rotwein ablöschen und etwa auf ein Drittel einköcheln lassen. Den Fond dazugießen und alles nochmals auf etwa ¼ l einköcheln lassen. Anschließend die Speisestärke mit etwas kaltem Wasser glatt rühren, in die Sauce geben und köcheln lassen, bis diese sämig bindet.

**2** Knoblauch, Ingwer, Orangen- und Zitronenschale in der Sauce wenige Minuten ziehen lassen, dann wieder entfernen. Zuletzt die kalte Butter in Flöckchen unterrühren und die Sauce mit Chilisalz und Trüffeleinlegesaft abschmecken, warm halten.

**3** Für das Gemüse den Romanesco putzen, waschen und in Röschen teilen. Beide Spargelsorten waschen und die holzigen Enden entfernen. Den weißen Spargel ganz, den grünen Spargel nur im unteren Drittel schälen und die Stangen schräg in 5 bis 6 cm lange Stücke schneiden. Die Karotten putzen, das Grün bis auf 1 cm entfernen und die Karotten schälen.

**4** Das Gemüse mit der Brühe in einen Topf geben, mit einem Blatt Backpapier bedecken und knapp unter dem Siedepunkt etwa 8 Minuten dünsten, bis das Gemüse gerade bissfest ist. Die braune Butter hinzufügen und alles mit Chilisalz und etwas Muskatnuss würzen, warm halten.

**5** Für die Tournedos eine Pfanne bei mittlerer Temperatur erhitzen, ½ bis 1 TL Öl mit einem Pinsel darin verstreichen und die Steaks anbraten, bis nach 1 bis 2 Minuten Fleischsaftperlen austreten. Die Steaks wenden und weiterbraten, bis erneut Fleischsaftperlen austreten. Aus der Pfanne nehmen und auf einem vorgewärmten Teller beiseitestellen.

**6** Die Gänselebern putzen, waschen und trocken tupfen, jede Leber quer halbieren. Eine Pfanne bei milder Temperatur erhitzen, die Butter darin zerlassen und die Gänselebern mit Chilischote und Vanille auf beiden Seiten je etwa 1 Minute anbraten. Zuletzt leicht salzen.

**7** Zum Servieren die Tournedos in der Sauce wieder erwärmen und auf vorgewärmte Teller legen, die Gänselebern daraufsetzen und darauf je 2 Trüffelscheiben legen. Zuletzt die Sauce darum herumträufeln und das Gemüse danebensetzen.

# Nie ohne Proviant

Große Künstler, große Feinschmecker: Der italienische Komponist Gioachino Rossini (1792–1868) etwa ging nie ohne Proviant auf Reisen. Ohne Mortadella, Oliven und Gorgonzola hat er quasi das Haus nicht verlassen. 40 große Bühnenwerke hat er verfasst und – wie er selbst sagt – drei Mal in seinem Leben geweint: „Als meine erste Oper durchfiel, als ich Paganini die Violine spielen hörte und als bei einem Bootspicknick ein getrüffelter Truthahn über Bord fiel." Die Tournedos „Rossini" wurden vom Küchenchef des Pariser Restaurants Maison Dorée als Hommage an Rossini erfunden.

# Rinderfilet „Pavarotti" mit italienischem Marktgemüse

**4 PERSONEN**

**FÜR DAS GEMÜSE**
4 Mini-Fenchel (ersatzweise 1 normale Fenchelknolle)
12 Mini-Karotten
6 Mini-Zucchini
100 g Broccolini
80 ml Hühnerbrühe
1 Knoblauchzehe (in Scheiben)
2 Scheiben Ingwer
1 EL braune Butter (siehe S. 17)
mildes Chilisalz
frisch geriebene Muskatnuss

**FÜR DIE FILETS**
1 TL Öl
8 Rinderfiletsteaks
(à ca. 1 ½ cm Dicke)
1 Zweig Rosmarin
125 ml Hühnerbrühe
1 Knoblauchzehe (in Scheiben)
2 Scheiben Ingwer
1 Streifen unbehandelte Orangenschale
1 EL Crema di Balsamico
30 g kalte Butter
mildes Chilisalz

**ZUBEREITUNG**

**1** Für das Gemüse die Mini-Fenchel im Ganzen putzen und waschen. Die Karotten putzen und das Grün bis auf 1 cm entfernen, die Karotten schälen. Die Zucchini putzen, waschen und schräg halbieren. Die Broccolini putzen und waschen.

**2** Den Fenchel und die Karotten mit der Brühe in eine Pfanne geben, mit einem Blatt Backpapier bedecken und knapp unter dem Siedepunkt 6 bis 8 Minuten bissfest dünsten. Dabei nach etwa 5 Minuten Garzeit Zucchini und Broccolini dazugeben und mitgaren. Knoblauch und Ingwer mit der braunen Butter hinzufügen und das Gemüse jeweils mit etwas Chilisalz und Muskatnuss würzen, warm halten.

**3** Für die Filets eine Pfanne bei mittlerer Temperatur erhitzen und das Öl mit einem Pinsel darin verstreichen. Die Steaks in der Pfanne 1 bis 2 Minuten anbraten, bis Fleischsaftperlen austreten. Dann wenden und weiterbraten, bis erneut Fleischsaftperlen austreten. Die Steaks aus der Pfanne nehmen. (8 Steaks am besten in zwei Durchgängen anbraten.) Danach auf vorgewärmten Teller beiseitestellen.

**4** Den Rosmarin waschen und trocken tupfen. Den Bratsatz in der Pfanne mit Brühe ablöschen, Knoblauch, Ingwer, Rosmarin und Orangenschale hinzufügen und alles auf ein Drittel einköcheln lassen. Die Pfanne etwas vom Herd ziehen, die Sauce mit Crema di Balsamico verfeinern und die kalte Butter in Flöckchen nach und nach mit einem Schneebesen unterrühren. Zuletzt die Sauce mit Chilisalz würzen.

**5** Zum Servieren die Filetsteaks in der Sauce wenden bzw. erwärmen. Die Sauce auf vorgewärmte Teller verteilen und die Steaks darauflegen. Das Gemüse daneben verteilen und alles nach Belieben mit 1 Zweig Rosmarin oder Thymian garnieren.

## Erst schmettern, dann kochen

Wenn man aus Modena stammt, dort wo der Aceto balsamico erfunden wurde, will man vermutlich auch keinen anderen Essig mehr haben. Und so reiste einer der größten Opernsänger der Geschichte, Luciano Pavarotti (1935–2007), immer mit einem blauen Köfferchen, in dem die besten Aceti seiner Heimatstadt waren. Überhaupt war der Maestro etwas exzentrisch. Zum Beispiel musste in allen Hotels, in denen er logierte, eine eigene Küche für ihn aufgebaut werden. Nach den Konzerten pflegte er für Familie und Freunde zu kochen. Vielleicht auch sein Rinderfilet, das er mit Aceto balsamico würzte.

# Bœuf Stroganoff mit Tagliatelle

**4 PERSONEN**

**FÜR DAS BŒUF**

700 g Rinderfiletspitzen
1 EL Öl
125 ml Rotwein
½ EL Tomatenmark
400 ml dunkler Kalbsfond (aus dem Glas)
200 ml Hühnerbrühe
1 Lorbeerblatt
1 kleine getr. rote Chilischote
1 Knoblauchzehe (in Scheiben)
2 Scheiben Ingwer
1 Zweig Rosmarin
1–2 TL Speisestärke
70 g Sahne
1 EL scharfer Senf
mildes Chilisalz

**FÜR DAS GEMÜSE**

200 g weißer Spargel (ersatzweise grüner Spargel)
1 Bund Mini-Karotten (mit Grün)
200 g kleine feste Champignons
½ Zucchini
80 ml Hühnerbrühe
1 EL braune Butter (siehe S. 17)
mildes Chilisalz

**FÜR DIE TAGLIATELLE**

300 g Tagliatelle (Bandnudeln)
Salz
3 Scheiben Ingwer
2 kleine getr. rote Chilischoten
1–2 TL mildes Olivenöl
125 ml Hühnerbrühe
1 EL braune Butter
mildes Chilisalz

**AUSSERDEM**

4 Cornichons
etwas Mini-Basilikum und Kerbel

**ZUBEREITUNG**

**1** Für das Bœuf die Filetspitzen quer in etwa ½ cm dicke Scheiben schneiden und portionsweise in einer Pfanne in wenig Öl bei mittlerer Hitze rundum je knapp 1 Minute anbraten. Herausnehmen und auf einem vorgewärmten Teller beiseitestellen.

**2** Den Bratsatz in der Pfanne mit Wein ablöschen, das Tomatenmark hinzufügen und alles sirupartig einkochen lassen. Fond und Brühe dazugießen, das Lorbeerblatt dazugeben und alles um ein Drittel einköcheln lassen. Dann Chilischote, Knoblauch, Ingwer und Rosmarin hinzufügen und in der Sauce ziehen lassen.

**3** Die Speisestärke mit wenig kaltem Wasser glatt rühren, in die Sauce geben und köcheln lassen, bis diese sämig bindet. Sahne und Senf unterrühren und die Sauce durch ein Sieb gießen, dabei die Gewürze entfernen. Die Sauce zurück in die Pfanne geben, warm halten.

**4** Für das Gemüse den Spargel waschen und schälen, holzige Enden entfernen. Die Spargelstangen schräg in etwa 3 cm lange Stücke schneiden. Die Karotten putzen und das Grün bis auf 1 cm entfernen, die Karotten schälen und schräg halbieren. Die Pilze putzen, trocken abreiben und halbieren. Die Zucchini putzen, waschen und schräg in ½ bis 1 cm dünne Scheiben schneiden.

**5** Spargel und Karotten mit der Brühe in eine Pfanne geben, mit einem Blatt Backpapier bedecken und knapp unter dem Siedepunkt etwa 8 Minuten noch leicht bissfest garen. Dann Pilze und Zucchini hinzufügen und wenige Minuten mitgaren. Zuletzt die braune Butter untermischen und das Gemüse mit Chilisalz würzen, warm halten.

**6** Für die Tagliatelle die Bandnudeln in reichlich kochendem Salzwasser mit Ingwer und Chili 2 bis 3 Minuten kürzer als auf der Packung angegeben garen, dabei ab und zu umrühren. In ein Sieb abgießen und abtropfen lassen, Ingwer und Chili wieder entfernen. Die Nudeln auf einem Blech ausbreiten, kurz ausdampfen lassen und mit dem Olivenöl mischen.

**7** Zum Servieren die Brühe in einer großen tiefen Pfanne erhitzen. Die Nudeln dazugeben und etwa 2 Minuten garen, bis sie fast die gesamte Flüssigkeit aufgenommen haben. Dann die braune Butter dazugeben und die Nudeln mit Chilisalz abschmecken.

**8** Das beiseitegestellte Fleisch in der Sauce wieder erwärmen und mit Chilisalz abschmecken. Die Tagliatelle auf vorgewärmten Tellern anrichten, das Bœuf Stroganoff daneben verteilen und das Gemüse darauf anrichten. Die Cornichons längs halbieren und daraufsetzen, alles mit Mini-Basilikum und Kerbel garnieren.

## Sibirische Spitzen

Sie zählten einst zu den mächtigsten Familien Russlands. Den Stroganoffs gehörte fast ganz Sibirien, das sie für den Zaren erobert und erschlossen hatten. Die kulinarische Geschichtsschreibung rechnet den Stroganoffs dieses Gericht zu. Edel und geeignet für den Adel sind die Filetspitzen auf alle Fälle.

Für eine Blaublütige wurde übrigens auch die Beilage erfunden: Die Tagliatelle sind vermutlich der Haarpracht der italienischen Herrscherin Lucrezia Borgia (1480–1519) nachempfunden.

# Sauerbraten „Jupp Heynckes"

**4–6 PERSONEN**

**FÜR DEN BRATEN**

2 Zwiebeln · 1 Karotte
100 g Knollensellerie
2 TL Puderzucker
1–2 EL Tomatenmark
350 ml kräftiger Rotwein
1 ½ kg Schaufelbug (flache Rinderschulter) · 1 l Hühnerbrühe
½ Saucenlebkuchen
je ½ TL Piment- und Pfefferkörner, 1 Splitter Zimtrinde, ½ TL Wacholderbeeren (angedrückt)
1 Lorbeerblatt
1–2 TL Speisestärke
2 EL Rosinen
1–2 EL Aceto balsamico
1–2 EL milder Rotweinessig
40 g kalte Butter
mildes Chilisalz

**FÜR DAS BLAUKRAUT**

800 g Rotkohl
je 1 TL Salz und Zucker
100 ml Portwein
200 ml kräftiger Rotwein
125 ml Hühnerbrühe
1 Lorbeerblatt
5 Piment-, ½ TL schwarze Pfefferkörner, 2 Gewürznelken, 1 Splitter Zimtrinde und 2 cm Vanilleschote für das Gewürzsäckchen · 2 EL Apfelmus
1 EL Preiselbeerkompott

**FÜR DIE KARTOFFELN**

1 kg vorwiegend festkochende Kartoffeln · Salz · 1 Lorbeerblatt
1 kleine getr. rote Chilischote
1 halbierte Knoblauchzehe
1 Scheibe Ingwer
4 EL braune Butter (siehe S. 17)

**ZUBEREITUNG**

**1** Für den Braten die Zwiebeln schälen, Karotte und Sellerie putzen, schälen und alles in 1 cm große Würfel schneiden. Das Gemüse mit dem Puderzucker in einem großen Topf bei mittlerer Hitze etwas andünsten. Das Tomatenmark dazugeben und kurz mitdünsten. Wein dazugießen, alles sirupartig einköcheln lassen. Den Braten hinzufügen, die Brühe dazugießen, mit einem Blatt Backpapier bedecken und den Braten knapp unter dem Siedepunkt 3 bis 3 ½ Stunden weich garen, dabei mehrmals wenden.

**2** Den Braten aus dem Topf nehmen und warm halten. Den Lebkuchen in ½ bis 1 cm kleine Stücke schneiden oder grob reiben. Mit Piment, Pfeffer, Zimt, Wacholder und Lorbeerblatt in die Sauce geben und alles auf die Hälfte einköcheln lassen. Dann durch ein Sieb in einen Topf abgießen, dabei Gemüse und Gewürze etwas ausdrücken und entfernen. Stärke in wenig kaltem Wasser glatt rühren, in die Sauce geben und köcheln lassen, bis diese leicht sämig bindet. Rosinen und beide Essigsorten dazugeben und noch 1 bis 2 Minuten ziehen lassen, dann die kalte Butter in Flöckchen unterrühren und die Sauce mit Chilisalz abschmecken, warm halten.

**3** Für das Blaukraut vom Rotkohl die äußeren Blätter entfernen und den Kohl vierteln. Den Kohl auf der Gemüsereibe in nicht zu feine Streifen hobeln, den Strunk danach entfernen. Den Kohl in einer Schüssel mit Salz und Zucker verkneten und 10 bis 15 Minuten ziehen lassen.

**4** Inzwischen den Portwein und den Rotwein in einem Topf auf ein Drittel einköcheln lassen. Rotkraut und Brühe hinzufügen, alles mit einem Blatt Backpapier bedecken und knapp unter dem Siedepunkt etwa 1 ½ Stunden mehr ziehen als köcheln lassen, dabei öfter umrühren.

**5** Nach etwa 1 Stunde Garzeit das Lorbeerblatt hinzufügen. Piment, Pfeffer, Nelken, Zimt und Vanille in ein Gewürzsäckchen oder einen Einmalteebeutel füllen. Säckchen oder Teebeutel verschließen und zum Blaukraut geben. Am Ende der Garzeit das Apfelmus und die Preiselbeeren unter das Kraut rühren. Das Lorbeerblatt und das Gewürzsäckchen entfernen und das Blaukraut nach Belieben nochmals abschmecken.

**6** Währenddessen die Kartoffeln waschen, schälen und in Salzwasser mit Lorbeerblatt, Chilischote, Knoblauchzehe und Ingwer etwa 40 Minuten weich garen. Abgießen und kurz ausdampfen lassen. Zum Servieren in einer großen Pfanne in der braunen Butter erwärmen und wenden, nach Belieben mit 1 bis 2 EL Schnittlauchröllchen bestreuen.

**7** Den Braten quer zur Faser in Scheiben schneiden und in der Sauce nochmals kurz erwärmen, aber nicht kochen lassen. Mit Blaukraut und Salzkartoffeln auf vorgewärmte Teller setzen.

# Jupp, Jupp – hurra!

Startrainer, Sternekoch und der FC-Bayern. Das sind die drei Grundzutaten für dieses Gericht. Als Leib- und Magenkoch des berühmten Fußballklubs aus München kennt Alfons Schuhbeck natürlich viele Stars auch von der kulinarischen Seite. Vor allem den Jupp Heynckes.

Für den gebürtigen und überzeugten Rheinländer hat Schuhbeck einen eigenen Sauerbraten erfunden. Und was hat der Jupp gesagt? „‚Echt?!', hat er gefragt und ist fast rot geworden, weil ihn das so gefreut hat", erzählt der Münchner Sternekoch.

# SÜSSES & DESSERTS

---

Was für den einen der Hauptgang, das ist für den Genießer das Dessert.
Erst wenn Letzteres gut war, dann steht er zufrieden vom Tisch auf.
Die Geschichte der Nachspeise ist eng mit der des Zuckers verknüpft.
Zunächst wurde er mit Gold und Silber aufgewogen und blieb
dem Adel vorbehalten. Besonders zuckerverrückt waren die Venezianer,
sie ließen sich ganze Skulpturen (wie Päpste und Götter) aus dem
unbezahlbaren Stoff bauen. Erst nach dem Zuckerrohranbau während der
Kolonialzeit erreichte die süße Welle die Esstische des gewöhnlichen
Volkes. Bei einem Menü ist das Dessert quasi der kulinarische Raus-
schmeißer. Und für viele so wichtig, dass sie ganz nach dem Spruch handeln:
„Das Leben ist ungewiss, essen wir den Nachtisch zuerst!"

# Pfirsich Melba

**4 PERSONEN**

**FÜR DIE STRUDEL-TEIGBLÄTTER**
1 Strudelteigblatt
(ca. 20 x 20 cm; Kühlregal)
1 EL flüssige Butter
1–2 EL Puderzucker

**FÜR DIE SAUCE**
200 g tiefgekühlte Himbeeren
(aufgetaut)
50 g Puderzucker
1 EL Zitronensaft

**FÜR DEN JOGHURT**
100 g griech. Joghurt (10 % Fett)
1–2 TL Zucker
1 Msp. abgeriebene unbehandelte Limettenschale

**FÜR DIE PFIRSICHE**
2 reife, aber feste Pfirsiche
(ersatzweise Dosenpfirsiche)
1 EL Puderzucker
1–2 TL braune Butter
(siehe S. 17)
3 cm Vanilleschote
2 Scheiben Ingwer
2 grüne Kardamomkapseln
(angedrückt)
1 Streifen unbehandelte
Zitronenschale

**AUSSERDEM**
100 g frische Himbeeren
4 Spitzen Minze
1 EL gehackte Mandeln
4 Kugeln Vanilleeis

**ZUBEREITUNG**

**1** Für die Strudelteigblätter den Backofen auf 180 °C vorheizen. Ein Backblech mit Backpapier belegen. Das Strudelteigblatt auf das Backblech legen, mit flüssiger Butter bestreichen und mit Puderzucker großzügig bestäuben. Dann im Ofen im unteren Drittel etwa 7 Minuten goldbraun backen. Herausnehmen und kurz abkühlen lassen, anschließend in dekorative Stücke brechen.

**2** Für die Sauce die aufgetauten Himbeeren in einem hohen Rührbecher mit Puderzucker und Zitronensaft mit dem Stabmixer fein pürieren. Anschließend durch ein Sieb streichen, um die kleinen Kerne zu entfernen. Den Joghurt mit Zucker und Limettenschale glatt rühren. Die frischen Himbeeren verlesen, waschen und trocken tupfen. Die Minze waschen und trocken tupfen.

**3** Die Pfirsiche waschen, halbieren, entsteinen und in Spalten schneiden. Den Puderzucker in einer Pfanne bei mittlerer Hitze hell karamellisieren und die braune Butter hinzufügen. Die Pfirsichspalten mit den Gewürzen hinzufügen und auf beiden Seiten etwas andünsten. Vom Herd nehmen und beiseitestellen.

**4** Etwas Himbeersauce abnehmen und zum Garnieren beiseitestellen. Die übrige Himbeersauce auf Teller verteilen und die Pfirsichspalten darauflegen. Mit dem Joghurtdip und der übrigen Himbeersauce garnieren (siehe Tipp).

**5** Die gehackten Mandeln jeweils an eine Stelle der Teller streuen und 1 Kugel Vanilleeis daraufsetzen. Den Strudelteig auf das Eis und zwischen die Pfirsichspalten stecken. Zuletzt mit Himbeeren und Minze garnieren.

## Tipp

Für das Herzchenmuster mit Joghurtdip und Himbeersauce eine abwechselnd getupfte Linie formen (dazu am besten mit einem Teelöffel, Papiertütchen oder Einwegspritzbeutel arbeiten). Danach mit dem Ende eines Holzspießes durch die Tupfenlinie ziehen.

# Für die Primadonna

Wenn Köche ihre Bewunderung ausdrücken – dann kommt oft ein Gericht heraus und meistens sogar ein berühmtes. Nellie Melba (1861–1931) war die erste richtige Primadonna der Welt, und einer der ersten richtig berühmten Küchenchefs der Welt, Georges Auguste Escoffier (1846–1935), war ihr großer Fan.

Und so servierte er Nellie eines Tages seine Neu-Kreation, seinen Pfirsich Melba. Weil Nellie gerade am Londoner Opera House in „Lohengrin" auftrat, lag das Dessert auf einem aus Eis geschnittenen Schwan.

# Eisbombe „Fürst Pückler"

**1 KUPPELTORTE
(26 CM DURCHMESSER)**

**FÜR DIE EIS-
GRUNDMASSE**

800 g Sahne
125 g Puderzucker
1 ½ Blatt weiße Gelatine
8 Eigelb · 2 Eier
120 g Zucker

**FÜR DIE ERDBEER-
SCHICHT**

150 g Erdbeeren
20 g Puderzucker
10 g Orangenlikör
(z.B. Grand Marnier)
1 Spritzer Zitronensaft

**FÜR DIE VANILLE-
SCHICHT**

Mark von 1 Vanilleschote

**FÜR DIE SCHOKOLADEN-
SCHICHT**

100 g Zartbitterschokolade
(mind. 70 % Kakaogehalt)
1 EL Öl · 2 EL brauner Rum

**AUSSERDEM**

Öl für die Form
1 dünner Biskuittortenboden
(ca. 25 cm Durchmesser,
ca. 1 cm hoch)
300 g Sahne · 30 g Puderzucker
3 EL Schokoladenspäne
100 g Erdbeeren zum Garnieren

## ZUBEREITUNG

**1** Eine Kuppelform mit etwas Öl einfetten und mit Frischhaltefolie auslegen (alternativ eine Schüssel von ca. 26 cm Durchmesser verwenden). Für die Eisgrundmasse die Sahne mit dem Puderzucker aufschlagen und kühl stellen. Die Gelatine in etwas kaltem Wasser einweichen. Eigelbe, Eier und Zucker in einer Metallschüssel verrühren und über dem heißen Wasserbad mit einem Schneebesen hellschaumig aufschlagen (dabei sollte die Schaummasse maximal 75 bis 78 °C heiß werden).

**2** Die Masse vom Wasserbad nehmen, die Gelatine ausdrücken und darin unter Rühren auflösen. Anschließend die Creme über dem Eiswasserbad mit den Quirlen des Handrührgeräts kalt rühren. Ein Drittel der süßen Schlagsahne mit einem Schneebesen unterrühren, den Rest mit dem Teigspatel unterheben. Bis zur Verwendung kühl stellen.

**3** Für die Erdbeerschicht die Erdbeeren waschen und putzen. Mit Puderzucker, Likör und Zitronensaft in einem hohen Rührbecher mit dem Stabmixer pürieren. Dann das Erdbeerpüree durch ein Sieb streichen, um die kleinen Kerne zu entfernen. Das Erdbeerpüree mit dem Teigspatel unter 400 g Grundmasse mischen, in die Kuppelform füllen und im Tiefkühlfach etwa 1 Stunde gefrieren lassen.

**4** Für die Vanilleschicht das Vanillemark mit einem Schneebesen erst unter 50 g Grundmasse rühren, dann noch 400 g Grundmasse unterheben. Auf das gefrorene Erdbeereis streichen und ebenfalls im Tiefkühlfach etwa 1 Stunde gefrieren lassen.

**5** Für die Schokoschicht die Schokolade grob hacken und mit dem Öl in einer Metallschüssel über dem heißen Wasserbad unter Rühren schmelzen. Von der übrigen Grundmasse erst ein Drittel zügig mit der warmen Schokolade verrühren. Dann die restliche Grundmasse unterheben und die Schokomasse mit Rum abschmecken.

**6** Die Schokomasse auf die gefrorene Vanilleeisschicht füllen und glatt streichen. Zuletzt den Biskuitboden auflegen und leicht andrücken. Alles mit Frischhaltefolie bedecken und im Tiefkühlfach noch 2 bis 3 Stunden gefrieren lassen.

**7** Etwa 15 Minuten vor dem Servieren die Eisbombe in den Kühlschrank stellen. Inzwischen die Sahne mit dem Puderzucker steif schlagen und in einen Spritzbeutel mit Sterntülle füllen. Die Eisbombe mithilfe der Frischhaltefolie auf eine Tortenplatte stürzen, die Folie entfernen. Die Eisbombe rundum unten am Rand und oben mit der Sahne garnieren und mit den Schokospänen bestreuen. Die Erdbeeren waschen, putzen, je nach Größe vierteln oder halbieren und die Eistorte damit garnieren.

## Das Eis des Gärtners

Seinerzeit war Hermann Ludwig Heinrich von Pückler-Muskau (1785–1871) nicht für sein Eis bekannt, sondern für seinen Garten. Der Graf hatte nämlich einen ausgeprägten grünen Daumen und ließ sich Europas größten Park bauen. Mit Orangerien, einem ganzen Dschungel und sogar einer Pyramide, in der er sich später selbst beerdigen ließ.

Das Fürst-Pückler-Eis (aus Schokolade, Vanille, Erdbeere) zeigt die drei Farben des Pückler-Wappens: Schwarz, Gelb und Rot.

# Bayerisches Tiramisu

**8 PERSONEN**

**FÜR DAS TIRAMISU**
400 g Mascarpone
400 g Sahne
90 g Zucker
2 TL Vanillezucker
Salz · 330 ml Weißbier
4 EL Zitronenlikör
(z. B. Limoncello)
250 g Löffelbiskuits
4 EL Kakaopulver

**AUSSERDEM**
150 g gemischte Beeren
(z. B. Blau-, Erd- oder Johannisbeeren)
einige Spitzen Minze

**ZUBEREITUNG**

1  Für das Tiramisu die Mascarpone in einer großen Rührschüssel mit Sahne, Zucker, Vanillezucker und 1 Prise Salz mit den Quirlen des Handrührgeräts cremig aufschlagen (siehe Tipp).

2  Das Weißbier und den Zitronenlikör in einer Schüssel mischen. Die Hälfte der Löffelbiskuits nacheinander darin eintauchen und nebeneinander in eine kleine Auflaufform (ca. 25 x 16 cm) legen. Die Hälfte der Mascarponecreme darauf verstreichen.

3  Die übrigen Löffelbiskuits in das restliche Weißbiergemisch tauchen, auf der ersten Biskuit-Creme-Schicht verteilen und die restliche Mascarponecreme darauf glatt verstreichen. Die Tiramisu zugedeckt etwa 1 Stunde kühl stellen – sie kann aber auch sofort serviert werden.

4  Zum Servieren die Beeren verlesen, waschen und trocken tupfen. Die Minze waschen und trocken tupfen. Den Kakao über das Tiramisu sieben. Das Tiramisu in Portionen teilen, auf Desserttellern anrichten und mit den Beeren und der Minze garnieren.

## Tipp

Üblicherweise verrührt man für die Tiramisu-Creme die Mascarpone mit Zucker, Vanillezucker und 1 Prise Salz und hebt nach und nach die vorher steif geschlagene Sahne unter. Je nach Beschaffenheit der Mascarpone kann die Masse dabei jedoch ausflocken – anders als bei der oben beschriebenen Methode: Wenn Sie die Mascarpone gleich mit der Sahne aufschlagen, erhalten Sie auf jeden Fall eine schöne Creme.

# Ein pikantes Dessert

„Zieh mich hoch" – so lautet die Übersetzung von Italiens berühmtestem Dessert, dem Tiramisu. Dazu gibt es eine pikante Geschichte: Angeblich hat man diese Süßspeise in gewissen italienischen Etablissements als Zwischenmahlzeit zwischen zwei Kunden serviert. Vielleicht aber auch dem ein oder anderen Kunden – quasi als Viagra süß. Wer sich derartige Geschichten ausdenkt? Nicht auszudenken.

# Crêpes Suzette

**4 PERSONEN**

**FÜR DIE CRÊPES**
3 Eier · 300 ml Milch
100 g Mehl · Salz
1 EL Kaiserschmarrnzucker
(ersatzweise 1 EL Zucker,
Mark von ¼ Vanilleschote und je
1 Prise abgeriebene unbehandelte Zitronen- und Orangenschale)
50 g flüssige Butter
Butter zum Ausbacken

**FÜR DIE ORANGEN**
3 Orangen
Saft von 4 Orangen
1 TL Puderzucker
1 Msp. Vanillemark
2 EL Zucker
4 EL kalte Butter

**AUSSERDEM**
einige Minzeblätter
2 Handvoll gemischte Beeren
(z.B. Blau-, Erd-, Himbeeren)
2 cl Orangenlikör
(z.B. Grand Marnier)
Puderzucker zum Bestäuben

**ZUBEREITUNG**

1  Für die Crêpes die Eier mit Milch, Mehl, 1 Prise Salz, Kaiserschmarrnzucker und flüssiger Butter in einer Rührschüssel mit einem Schneebesen zu einem glatten Teig verrühren. Den Teig durch ein feines Sieb gießen und bei Zimmertemperatur etwa 30 Minuten ruhen lassen (siehe Tipp).

2  Inzwischen die Orangen mit einem Messer so großzügig schälen, dass auch die weiße Haut mit entfernt wird. Die Filets zwischen den einzelnen Trennhäuten herausschneiden, dabei den Saft auffangen. Den Saft aus den Orangenresten mit den Händen in eine Schüssel drücken und mit dem zusätzlichen Orangensaft mischen.

3  Den Puderzucker in einer Pfanne hell karamellisieren. Mit dem Orangensaft ablöschen, Vanillemark und Zucker hinzufügen und alles bei milder Hitze auf zwei Drittel einköcheln lassen. Die Pfanne vom Herd nehmen und die kalte Butter in Flöckchen in den Orangensud rühren. Die Orangenfilets darin kurz erhitzen, aber nicht kochen lassen, warm halten.

4  Zum Ausbacken jeweils etwas Butter in einer beschichteten Pfanne erhitzen und aus dem Teig nacheinander 8 dünne Crêpes backen. Herausnehmen und warm halten.

5  Zum Servieren die Crêpes zu einem Dreieck falten, kurz im Orangenragout in der Pfanne nebeneinander verteilen. Die Minze waschen und trocken tupfen. Die Beeren verlesen, waschen und trocken tupfen.

6  Zum Flambieren den Likör leicht erwärmen, in einem Schöpflöffel anzünden und über die Crêpes in der Pfanne gießen. Die flambierten Crêpes sofort mit dem Orangenragout auf vorgewärmten Dessertellern anrichten. Mit Puderzucker bestäuben und mit Minze und Beeren garnieren.

## Tipp

Damit Crêpes perfekt gelingen, sollte der Teig möglichst flüssig sein. Nur so lässt er sich in einer Pfanne gleichmäßig dünn verteilen. Die Ruhezeit von 30 Minuten sorgt dafür, dass sich die Masse etwas entspannt und später beim Backen nicht zusammenzieht.

# Süßes Malheur

Der Zufall ist einer der besten Köche. So auch bei der Crêpe Suzette, die angeblich auf den Lehrling Henri Charpentier im Café de Paris (Monte Carlo) zurückgeht. Der hat aus lauter Nervosität, weil der englische Prinz Edward zu Gast war, bei der Crêpe-Zubereitung eine Flasche Likör umgeschüttet. Heiße Pfanne plus Alkohol ergibt Flamme, also flambiert. Für dieses Gericht hat sich dann nicht nur Edward, sondern vor allem seine Flamme, die Suzette, erwärmen lassen. Und schon war die berühmte Nachspeise mit dem süßen Namen Suzette geboren.

# Apfelstrudel

**4 PERSONEN**

**FÜR DEN STRUDEL**
4 säuerliche Äpfel (ca. 700 g;
z.B. Boskop, Braeburn oder
Elstar)
30 g Zucker
¼ TL Apfelkuchengewürz
(ersatzweise je 1 Prise gemahlene
Gewürznelken, Ingwer, Muskatnuss und Zimtpulver)
mildes Chilisalz
30 g Rumrosinen
Saft und abgeriebene Schale von
½ unbehandelten Zitrone
50 g Biskuitbrösel
(selbst gemacht, aus Löffelbiskuits oder vom Bäcker)
35 g geröstete Mandelblättchen
2 Strudelteigblätter
(à ca. 40 x 35 cm;
aus dem Kühlregal)
50 g flüssige Butter

**FÜR DIE SAUCE**
1 geh. TL Speisestärke (10 g)
300 ml Milch · 4 Eigelb
200 g Sahne · 40 g Zucker
½ Vanilleschote
3 Kardamomkapseln
(angedrückt)
je 1 Streifen unbehandelte
Orangen- und Zitronenschale

**AUSSERDEM**
120 g gemischte Beeren
(z.B. Blau- und Himbeeren)
4 Spitzen Minze

**ZUBEREITUNG**

1   Für den Strudel die Äpfel schälen, vierteln und entkernen. Die Apfelviertel erst der Länge nach dreimal durchschneiden, dann quer in ½ cm breite Stücke schneiden (alternativ die Viertel auf der Gemüsereibe in nicht zu dünne Scheiben hobeln).

2   Zucker, Apfelkuchengewürz und 1 Prise Chilisalz mischen und mit Rumrosinen, Zitronensaft, -schale, Biskuitbröseln und Mandelblättchen unter die Äpfel mischen.

3   Den Backofen auf 200 °C vorheizen. Ein Backblech mit Backpapier belegen. 1 Strudelblatt auf ein Küchentuch legen und mit etwas flüssiger Butter bestreichen. Das übrige Strudelblatt darauflegen und ebenfalls mit Butter bestreichen.

4   Die Apfelfüllung entlang einer Längsseite des Strudelteigs verteilen. Dabei an den beiden Teigenden jeweils einen 5 cm breiten Rand frei lassen und diesen über die Füllung nach innen schlagen.

5   Anschließend den Strudel mithilfe des Tuchs aufrollen, die Ränder andrücken und den Strudel auf der Nahtseite auf das Blech legen. Mit der restlichen flüssigen Butter bestreichen und im Ofen auf der unteren Schiene etwa 20 Minuten goldbraun backen. Herausnehmen und vor dem Servieren kurz abkühlen lassen.

6   Inzwischen für die Sauce die Speisestärke mit etwas kalter Milch glatt rühren und die Eigelbe untermischen. Die übrige Milch in einem Topf mit Sahne und Zucker unter Rühren aufkochen. Die Speisestärkemischung mit einem Schneebesen unter die Milch rühren und alles etwa 1 Minute leicht köcheln lassen, dann vom Herd nehmen.

7   Die Vanilleschote längs aufschneiden, das Mark mit einem Messer herauskratzen und samt Vanilleschote in die Sauce geben. Kardamom, Orangen- und Zitronenschale hinzufügen, die Sauce mit einem Blatt Backpapier bedecken und abkühlen lassen. Zum Servieren durch ein Sieb gießen, die Gewürze entfernen.

8   Zum Servieren die Beeren verlesen, waschen und trocken tupfen. Die Minze waschen und trocken tupfen. Den Strudel nach Belieben mit Puderzucker bestäuben in Portionen schneiden und mit der Vanillesauce anrichten. Mit Beeren und Minze garnieren.

## Eigentlich ein Araber

Neben dem Kaiserschmarrn gehört der Apfelstrudel zu den berühmtesten Mehlspeisen der ehemaligen K.-u.-k.-Monarchie. Dass der Strudel bis nach Wien kam, das ist eine der wenigen Segnungen des österreichisch-türkischen Kriegs.

Der Strudelteig ist nämlich eine arabische Erfindung, er ist lange haltbar und war deshalb eine beliebte Marschverpflegung für das türkische Heer.

# Vanillekrapfen

**15–18 STÜCK**

**FÜR DIE KRAPFEN**
130 ml Milch
½ Würfel Hefe (21 g)
45 g Zucker
375 g Mehl
2 Eier · 2 Eigelb
Mark von ½ Vanilleschote
½ TL abgeriebene unbehandelte Zitronenschale
Salz · 1 TL Rum
4 ½ EL weiche Butter
Mehl zum Arbeiten
Fett zum Frittieren
Puderzucker zum Bestäuben

**FÜR DIE FÜLLUNG**
600 ml Milch
160 g Zucker
2 EL Vanillezucker · Salz
2 Päckchen Vanillepuddingpulver
200 g Sahne

**ZUBEREITUNG**

**1** Für die Krapfen die Milch in einem kleinen Topf lauwarm erhitzen. Die Hefe zerbröckeln, in der Milch auflösen und 1 Prise Zucker dazugeben. Die Hefemilch in einer Schüssel mit etwa 150 g Mehl verrühren. Den Vorteig zugedeckt an einem warmen Ort etwa 20 Minuten gehen lassen.

**2** Danach den Vorteig mit dem restlichen Mehl und dem übrigen Zucker, Eiern, Eigelben, Vanillemark, Zitronenschale, 1 Prise Salz und dem Rum in der Rührschüssel der Küchenmaschine gründlich verkneten. Nach und nach die weiche Butter untermischen und alles noch 5 bis 10 Minuten weiterkneten, bis ein glatter Teig entstanden ist, der sich leicht vom Schüsselrand löst. Den Teig zugedeckt an einem warmen Ort etwa 25 Minuten gehen lassen. Anschließend den Teig nochmals durchkneten und weitere 15 Minuten gehen lassen.

**3** Den Hefeteig in 15 bis 18 Portionen (à ca. 40 g) teilen und jede Portion auf der leicht bemehlten Arbeitsfläche zu einer glatten Kugel drehen. Die Kugeln auf der Nahtseite mit etwa 5 cm Abstand zueinander auf ein bemehltes Küchentuch legen, etwas flach drücken und leicht mit Mehl bestäuben. Die Krapfen mit einem weiteren Küchentuch zudecken und etwa 1 Stunde gehen lassen, bis sich ihr Volumen um drei Viertel vergrößert hat.

**4** Für die Füllung währenddessen die Milch mit Zucker, Vanillezucker und 1 Prise Salz in einem Topf einmal aufkochen lassen. Das Vanillepuddingpulver mit der Sahne glatt rühren, in die kochende Milch geben und 1 bis 2 Minuten unter Rühren köcheln lassen. Die Creme in eine Schüssel füllen, mit einem Blatt Backpapier bedecken und abkühlen lassen.

**5** Das Fett in einem großen flachen Topf oder einer Fritteuse auf 160 °C erhitzen. Die Krapfen mit der glatten Seite nach unten in das heiße Fett setzen und mit geschlossenem Deckel (!) etwa 2 Minuten frittieren. Dann den Deckel abnehmen, die Krapfen mithilfe von zwei Holzkochlöffelstielen umdrehen und die Unterseiten noch hell bräunen.

**6** Anschließend die Krapfen nochmals wenden und beide Seiten jeweils noch kurz nachbacken. Dann die Krapfen kurz vollständig ins Fett tauchen (damit der helle „Kragen" stabil bäckt), mit dem Schaumlöffel herausnehmen und auf Küchenpapier abtropfen lassen.

**7** Zum Füllen die Vanillecreme einmal kurz durchrühren. Die Krapfen quer halbieren und mit Vanillecreme füllen, mit Puderzucker bestäuben.

## Geschmacks-Kanone

Wer weiß, was passiert wäre, wenn der talentierte Konditor ein guter Kanonier der preußischen Armee geworden wäre? Der Mann hatte – aus kulinarischer Sicht Gott sei Dank! – einfach zu wenig Zielwasser getrunken und schoss bei der Ausbildung immer daneben. Prompt wurde er zur Strafe in die Feldküche versetzt. Um die Schmach zu verdauen, formte er aus Hefeteig kleine Kanonenkugeln und frittierte sie. Erst später wurden sie gefüllt.

# Apfelkücherl im Bierteig

**6–8 PERSONEN**

**FÜR DIE PUNSCHSAUCE**
30 g Zucker
75 ml roter Portwein
200 ml Rotwein
50 ml Orangensaft
1 EL Speisestärke
3 cm Vanilleschote
1 Splitter Zimtrinde
1 Scheibe Ingwer
1 Streifen unbehandelte Orangenschale
1 EL Preiselbeerkompott

**FÜR DIE APFELKÜCHERL**
2 Eier · 200 g Mehl
300 ml helles Bier
1 TL Vanillezucker
gemahlene Gewürznelke
Zimtpulver
4 EL flüssige braune Butter (siehe S. 17)
Salz · 100 g Zucker
je ¼ TL gemahlener Ingwer und Kardamom sowie Zimtpulver
4 säuerliche Äpfel (z. B. Boskop oder Braeburn)
500 ml Fett zum Ausbacken (z. B. Butterschmalz)

**AUSSERDEM**
je 1 EL Pekan-, Hasel- und Walnusskerne
1–2 EL Puderzucker
2–3 EL Preiselbeerkompott zum Garnieren

**ZUBEREITUNG**

1   Für die Punschsauce 1 EL Zucker in einem kleinen Topf bei mittlerer Hitze hell karamellisieren. Mit Portwein ablöschen, Rotwein, Orangensaft und übrigen Zucker hinzufügen und alles einmal aufkochen. Die Speisestärke mit etwas kaltem Wasser glatt rühren, in die Sauce geben und köcheln lassen, bis diese sämig bindet. Die Sauce noch 1 bis 2 Minuten leicht köcheln lassen. Dann Vanille, Zimt, Ingwer und Orangenschale hinzufügen, die Preiselbeeren dazugeben und alles mit einem Blatt Backpapier bedeckt abkühlen lassen (alternativ nach Belieben warm servieren). Die ganzen Gewürze vor dem Servieren wieder entfernen.

2   Inzwischen die Nüsse in einer Pfanne ohne Fett bei mittlerer Hitze leicht anrösten. Den Puderzucker nach und nach darüberstäuben und alles unter Rühren karamellisieren. Vom Herd nehmen, abkühlen lassen.

3   Für die Apfelkücherl einen Bierteig herstellen: dazu die Eier trennen. Das Mehl in einer Rührschüssel mit Bier und Eigelben mit einem Schneebesen glatt rühren. Vanillezucker, je 1 Prise Nelkenpulver sowie Zimt hinzufügen und die flüssige Butter unterrühren. Die Eiweiße mit 1 Prise Salz zu cremigem Schnee schlagen, dabei 20 g Zucker einrieseln lassen. Den Eischnee mit dem Teigspatel locker und gleichmäßig unter den Teig heben.

4   Für den Gewürzzucker die übrigen 80 g Zucker mit den Gewürzen mischen. Die Äpfel schälen, mit einem Apfelausstecher die Kerngehäuse entfernen und die Äpfel quer in etwa 1 cm dicke Scheiben schneiden.

5   Das Fett in einem großen Topf oder einer Fritteuse auf 180 °C erhitzen. Die Apfelscheiben nacheinander in den Bierteig tauchen und portionsweise im Fett langsam goldbraun ausbacken. Herausnehmen, auf Küchenpapier abtropfen lassen und sofort im Gewürzzucker wenden.

6   Zum Servieren jeweils etwas Sauce auf Dessertteller verteilen, die Apfelkücherl darauflegen und mit den Preiselbeeren, den karamellisierten Nüssen und nach Belieben mit frischen Johannisbeeren garnieren.

## Tipp

Der Backteig haftet besonders gut an den Apfelringen, wenn Sie sie vorher in doppelgriffigem Mehl (Instant- oder Spätzlemehl) wenden. Die Ringe am besten mit einem Kochlöffelstiel durch den Teig ziehen. Damit möglichst viel Teig an den Ringen bleibt und nichts danebentropft, die Schüssel mit dem Teig direkt neben den Topf stellen. Die Apfelkücherl nach dem Ausbacken sofort im Gewürzzucker wenden, damit dieser gut haftet.

## Der Hirsch im Biergarten

Am 23. April 1516 haben die Bayern kulinarische Weltgeschichte geschrieben. Denn an diesem Tag trat das Reinheitsgebot für das Bier in Kraft – quasi die erste Bio-Zertifizierung, bevor es Bio überhaupt gab. Dabei wollten die Gesetzgeber eigentlich nur mit der Panscherei Schluss machen. Was da bis dato alles zusammengebraut wurde: Mohn, Tollkirschen und sogar Fliegenpilze. Pfui Deifi!

In der Folgezeit entwickelte sich das Bier in Bayern zum Hauptnahrungsmittel, dessen Preisgestaltung zumindest ein Politikum, wenn nicht sogar Anlass für einen handfesten Aufstand war. Berühmt ist der Dorfener Bierkrieg, der sich nach der Einführung des Malzaufschlaggesetzes anno 1910 entzündete – denn der Preis für die Maß stieg von 24 auf 26 Pfennig. Der überschäumende Volkszorn, der sich auch im Anzünden von Wirtshäusern äußerte, konnte erst beruhigt werden, als der Preis wieder zurückgenommen wurde.

Auf leider äußerst tragische Weise musste auch der biersüchtige Hirsch Hansl beruhigt werden, der in den 1920er-Jahren frei im gleichnamigen Biergarten, dem Hirschgarten, herumstreifen durfte. Als der stattliche Bursche nur die Noagerl (Bierreste) austrank, belustigten sich die Gäste noch. Aber dann erlag Hansl der alkoholbedingten Übertreibung. Wer gerade nicht hinschaute, dem warf Hansl schon mal das Glas um. Bier her, Bier her oder ich fall um! Am Abend war der Hirsch dann sternhagelvoll, rempelte Frauen und Kinder an und einmal schubste er sogar einen unliebsamen Fremden in den Sand. Das war für Hansl das Todesurteil. Man wartete den Winter ab, der Biergarten war geschlossen und Hansl nüchtern. Ein Schuss genügte und der Hirsch war Historie. So viel zu den Folgen des Alkoholmissbrauchs.

# Karamellisierter Kaiserschmarrn

**4 PERSONEN**

**FÜR DIE PFLAUMEN**

4 Pflaumen
1 EL Puderzucker
50 ml roter Portwein
50 ml Orangensaft
1 Msp. abgeriebene unbehandelte Zitronenschale
1 EL kalte Butter

**FÜR DEN KAISERSCHMARRN**

150 g Mehl
1–2 Msp. Backpulver (ca. 1½ g)
¼ l Milch
20 g Sahnequark · 6 Eigelb
1–2 TL Rum
Mark von 1 Vanilleschote
1 TL abgeriebene unbehandelte Zitronenschale
4–5 Eiweiß (5 kleine oder 4 große)
Salz · 80 g Zucker
2 TL braune Butter (siehe S. 17)
2–3 EL Puderzucker

**ZUBEREITUNG**

1   Die Pflaumen waschen, halbieren, entkernen und in Spalten schneiden. Den Puderzucker in einer Pfanne bei mittlerer Hitze hell karamellisieren und die Pflaumenspalten darin auf beiden Seiten kurz andünsten. Portwein und Orangensaft dazugießen und alles etwas einköcheln lassen. Dann die Zitronenschale und die kalte Butter unterrühren, beiseitestellen.

2   Für den Kaiserschmarrn das Mehl mit dem Backpulver mischen und in eine Rührschüssel sieben. Dann die Milch dazugeben und alles mit einem Schneebesen glatt rühren. Den Sahnequark mit Eigelben, Rum, Vanillemark und Zitronenschale unterrühren.

3   Die Eiweiße mit 1 Prise Salz cremig schlagen, dabei nach und nach 40 g Zucker einrieseln lassen, und zu einem festen Schnee weiterschlagen. Erst ein Drittel des Eischnees mit einem Schneebesen unter die Eigelbmasse rühren, dann den Rest mit dem Teigspatel vorsichtig unterheben.

4   Den Backofengrill auf etwa 230 °C vorheizen. In zwei kleinen ofenfesten Pfannen (à 24–26 cm Durchmesser) je 1 TL braune Butter bei milder Hitze erhitzen. Die Schmarrnmasse auf die Pfannen verteilen und jeweils die Unterseite bei milder Hitze 3 bis 4 Minuten hell bräunen.

5   Dann den Kaiserschmarren in den Pfannen nacheinander unter dem Backofengrill auf der unteren Schiene 3 bis 4 Minuten goldbraun und durchbacken. Aus dem Ofen nehmen, auf ein Arbeitsbrett stürzen und mit zwei Gabeln in Stücke reißen.

6   Zum Servieren in einer großen Pfanne 1 EL Puderzucker bei milder Hitze goldbraun karamellisieren. Den Kaiserschmarrn darin wenden, nach und nach den übrigen Zucker hinzufügen und das Ganze leicht karamellisieren. Den Kaiserschmarrn auf vorgewärmten Tellern anrichten, mit dem übrigen Puderzucker bestäuben und die Pflaumenspalten danebenlegen. Dazu passt eine Vanillesauce (siehe S. 98).

## Tipp

Nach Belieben können Sie zum Servieren noch Rumrosinen und geröstete Mandelblättchen unter den Kaiserschmarrn mischen.

## Sisi wollte ihn nicht

Wann und unter welchen Umständen dieser Schmarrn erfunden wurde, dazu gibt es viele Theorien. Sicher ist jedoch, dass der österreichische Kaiser Franz Joseph I. (1830–1916) immer mit dabei war. Einmal, als er überraschend auf einer Alm einkehrte und der Senner (= Kaser) schnell aus Eiern und Milch eine Mehlspeise zusammenrührte.

Oder als der Hofkoch einen Pfannkuchen verhunzte, ihn mit Rosinen und Puderzucker zu retten versuchte und der Kaiser ihn dann trotzdem mit viel Vergnügen aufgegessen hat. Theorie Nummer drei hat wiederum mit Sisi zu tun. Die Bayerin auf Österreichs Thron wollte eine vom Hofpatissier Leopold erfundene Mehlspeise partout nicht essen (Sisi achtete schon fast krankhaft auf ihre Figur), da sagte ihr Göttergatte: „Na, geb er mir halt den Schmarrn her, den unser Leopold da wieder z'sammkocht hat."

# DRINKS

---

Gedämpftes Licht, Pianomusik und ein langer polierter Holztresen – das sind die drei Zutaten, aus denen sich ein schöner Abend an der Bar zusammensetzt. Dazu gehören natürlich auch Cocktails und Longdrinks. Der Unterschied ist relativ einfach: Ein Cocktail besteht aus mindestens drei Zutaten und wird „gebaut", also gerührt, geschüttelt oder geshaked. Der Longdrink ist, wie der Name schon sagt, ein Verlängerter. Da wird ein Softdrink einfach mit Alkohol aufgegossen. Woher der Name Cocktail kommt, dazu gibt es viele Theorien. Die exotischste sagt, dass bei Hahnenkämpfen der Sieger die bunte Schwanzfeder des unterlegenen Hahnes bekam. Und auf diesen „cock tail" hat man dann noch einen gehoben.

# Kir Royal

**FÜR 1 DRINK:** 1 TL Crème de Cassis (Likör aus Schwarzen Johannisbeeren) in ein Champagnerglas geben und mit etwa 100 ml Champagner (ersatzweise franz. Sekt, z.B. Crémant) auffüllen (im Bild rechts).

## Tipp

Klassisch besteht der französische Cocktail aus 1 Teil Crème de Cassis und 9 Teilen Sekt. Alternativ können Sie auch 1 Teil Likör mit 4 Teilen Weißwein mischen, dann enthält der Cocktail weniger Kohlensäure und darf sich „nur" Kir nennen.

# Champagner

**FÜR 1 DRINK:** Den gut gekühlten Champagner in Champagnergläser einschenken – 1 Flasche reicht für etwa 7 Personen (im Bild links).

## Tipp

Das Wichtigste am Champagner ist, dass er gut gekühlt ist und zügig getrunken wird – so bleibt die Kohlensäure erhalten. Am besten serviert man ihn in schlanken Gläsern, weil dadurch die Kohlensäure nicht so rasch entweichen kann. Ideal ist dabei die Tulpenform, bei der sich die sogenannte Perlage besser entwickelt und nicht so schnell verflüchtigt. Außerdem kann sich in dieser Glasform das Bouquet des Champagners sehr gut entfalten und in die Nase steigen.

# Der Schampus & die Schickeria

Die Münchner Schickeria trank ihn gerne. Aber so richtig berühmt wurde der Kir Royal erst durch die gleichnamige TV-Serie, in der die High Society satirisch aufs Korn genommen wurde. Dabei hat der Kir – zumindest in Frankreich – eine lange Tradition. Um genau zu sein, seitdem der Dijoner Bürgermeister Félix Kir (1876–1968) die Mixtur aus Schwarzem Johannisbeerlikör und Weißwein, den sogenannten Blanc-Cassis, zum offiziellen Stadtgetränk erhoben hat. Die etwas edlere Variante mit Champagner (Kir Royal) kam erst später dazu.

Der Champagner verdankt seine Popularität übrigens den Engländern. Um den leichten Schaumwein aus der Champagne besser transportieren zu können, füllten ihn die französischen Winzer relativ frühzeitig in Flaschen ab, was den zweiten Gärungsprozess unbeabsichtigt in Gang setzte. Über dem Ärmelkanal fand man überschäumende Begeisterung für diesen Wein.

# Bloody Mary

**FÜR 1 DRINK:** 14 cl Tomatensaft, 2 cl Zitronensaft und 5 cl Wodka in einem Rührglas verrühren, mit Salz und Pfeffer aus der Mühle würzen. Zuletzt je 1 Spritzer Tabasco und Worcestershiresauce hinzufügen.

Alles in ein Glas füllen, dabei den Drink nach Belieben auf Eiswürfel gießen. Zum Servieren 1 Gurkenscheibe auf den Glasrand stecken und 1 Staudenselleriespitze dekorativ in das Glas stellen (im Bild links).

# Bloodless Mary

**FÜR 1 DRINK:** Am Vortag 3 Tomaten waschen und grob würfeln, dabei die Stielansätze entfernen. Die Tomaten in einen Standmixer geben, mit etwas mildem Chilisalz und 1 Prise Zucker würzen und fein pürieren. Ein sauberes Küchentuch mit Wasser durchnässen, auswringen und in eine Schüssel legen, das Tomatenpüree hineinfüllen und die Tuchenden darüber zusammenbinden. Das Tuch über der Schüssel im Kühlschrank aufhängen und den Saft über Nacht abtropfen lassen.

Am nächsten Tag 1 Scheibe Frühstücksspeck in einer Pfanne in ½ TL Öl auf beiden Seiten bei mittlerer Hitze braten, bis fast das gesamte Fett ausgebraten und eine goldbraune Farbe entstanden ist. Herausnehmen und auf Küchenpapier abtropfen lassen. Ein Longdrinkglas (300 ml Inhalt) mit Eiswürfeln auffüllen. 4 cl Wodka hineingießen und mit 150 ml klarem Tomatensaft auffüllen. Mit etwas Pfeffer aus der Mühle würzen und mit 1 Staudenselleriespitze garnieren. Den Speck auf das Glas legen und nach Belieben mit essbaren Blüten garnieren (im Bild rechts).

# Die Wahrheit über Maria

Wodka und Tomatensaft, Salz, Pfeffer, Zitronensaft, Tabasco, Worcestershiresauce – fertig ist einer der berühmtesten Drinks der Weltgeschichte. Die Bloody Mary. Warum sie so heißt? Dazu gibt es drei mehr oder minder glaubwürdige Theorien: Einmal soll die englische Königin Maria I. Tudor (1516–1558) Patin gestanden haben. Ihren Beinamen bloody (blutig) erwarb sie sich durch die unter ihrer Herrschaft brutale Verfolgung der Protestanten. Ein anderes Mal war es eine Kellnerin namens Mary, die in einer Chicagoer Bar namens Bucket of Blood (Eimer voller Blut) gearbeitet haben soll. Ein drittes Mal war es ein russischer Barkeeper Vladimir, der den Drink erfunden hat und den die Gäste dann mit Bloodymir und schließlich Bloody Mary anlallten.

Die Bloodless Mary enthält statt des roten einen hellen Tomatensaft, die Virgin (jungfräuliche) Mary ist ein alkoholfreier Cocktail.

# Sangria

**FÜR 1 KARAFFE (CA. 1 L):** ¾ l leichten Rotwein und ¼ l Zitronenlimonade mit 2 cl Orangenlikör (z. B. Grand Marnier), 30 g Zucker und 1 Stange Zimt in eine Glaskanne füllen.

Je ½ Apfel, ½ Pflaume und ½ Pfirsich (in der Saison) waschen, abtrocknen, vierteln und entkernen, nach Belieben in Würfel schneiden. ½ unbehandelte Orange heiß waschen, abtrocknen und in Scheiben schneiden.

Alle Früchte zur Rotwein-Limonaden-Mischung geben und die Sangria zugedeckt im Kühlschrank mehrere Stunden durchziehen lassen. Zum Servieren mit den Früchten in Gläser füllen (im Bild links).

# Sangria-Shake

**FÜR 1 DRINK:** 175 ml kalte Sangria durch ein Sieb abseihen – es sollen keine Fruchtstücke dabei sein. In einem hohen Rührbecher mit 2 Kugeln Eis nach Wunsch (z. B. Vanilleeis) mit dem Stabmixer fein pürieren. (Alternativ im Standmixer arbeiten.) Den Shake in ein Glas füllen und sofort servieren (im Bild rechts).

## Tipp

Für einen Sangria-Flip 1 Kugel Vanilleeis in ein Glas mit etwa 200 ml Sangria geben – hier können ruhig auch Fruchtstücke enthalten sein.

## Schuld waren die Engländer

Berühmt geworden ist dieses Bild: Am Strand von Mallorca steht ein Eimer mit Sangria, umringt von einer Meute trinksüchtiger Touristen, die mit dem Strohhalm die spanische Bowle schlürfen. Seitdem hat Sangria (von spanisch „sangre" = Blut) ihren schlechten Ruf weg. Dabei schmeckt dieser Punsch aus Rotwein, Früchten, Limonade und gelegentlich einem Schuss Weinbrand überraschend gut – kultiviert aus einem Glas getrunken natürlich.

Es gibt Sangria Blanca (mit Weißwein oder Cava), ein enger Verwandter ist auch der Tinto de Verano (Rotwein mit Zitronenlimonade verdünnt). Erfunden wurde die Sangria-Mischung angeblich in der Karibik von den Engländern. Worauf auch das altenglische Wort „Sangaree" hindeutet, mit dem auf den Westindischen Inseln (= Karibik) weinhaltige Getränke bezeichnet wurden.

## Kein Drink ohne Spruch

Santé sagen die Franzosen, Cheers die Engländer und laut einer unbestätigten Anekdote hat Kanzler-Urgestein Helmut Kohl, der für sein lückenhaftes Englisch bekannt war, auf den Trinkspruch „to your health" mit „to your Dunkles" geantwortet. Nur weil er dachte, es ginge um das Helle (Bier), mit dem angestoßen wurde. Goethe sagte: „Euch ist bekannt, was wir bedürfen, wir wollen starke Getränke schlürfen" und Luther meinte: „Iss, was gar ist, trink, was klar ist, red, was wahr ist."

Trinksprüche gibt es überall – natürlich auch auf dem größten Volksfest der Welt. Auf das Kommando „Die Krüge hoch" recken sich dort Tausende Hände mit dem gefüllten Glas in die Höhe – und leeren es nach dem erneuten Befehl: „Oans, zwoa, drei, gsuffa!" Die Musik spielt dazu ein „Prosit der Gemütlichkeit". Dass dieses die Gruppenzugehörigkeit festigende Ritual ein wenig nach Götzenanbetung aussieht, ist kein Zufall. Denn das Ausbringen eines Trinkspruchs steht ganz in der Tradition der Trankopfer, welche die Priester in der Antike abgehalten haben, um die Götter gewogen zu machen. Das immer wiederkehrende Flüssigkeitsopfer auf dem Oktoberfest dient sowohl der Stimmung als auch dem Zeltvorsteher. Findige Zeitgenossen haben ausgerechnet, dass der Wirt bei jedem „Prosit der Gemütlichkeit" etliche Tausend Euro verdient.

Wie dem auch sei, das Prosit ist das Sinnbild der bayerischen Gemütlichkeit. Dabei – und jetzt heißt es für gestandene Bayern wieder stark zu bleiben – stammt dieses Lied aus der Feder des Chemnitzers Bernhard Dietrich (1840–1902). Bayerische Gemütlichkeit, made in Sachsen.

# Martini gerührt

**FÜR 1 DRINK:** 6 cl Gin (ersatzweise Wodka) und 1 Tropfen sehr trockenen Wermut (z.B. Noilly Prat) mit einigen Eiswürfeln in einem Rührglas mit einem Cocktailstab verrühren.

In ein vorgekühltes Martini-Glas abseihen. 1 grüne Olive (in Lake; mit Stein) auf einen Zahnstocher stecken und zum Servieren in den Drink legen (im Bild links).

# Martini geschüttelt, nicht gerührt

**FÜR 1 DRINK:** 6 cl Gin mit 2 cl Wodka und 1 cl Lillet Blanc bzw. Lillet Blonde mit Eiswürfeln in einem Shaker gut schütteln. In ein vorgekühltes Martini-Glas abseihen und 1 langen, dünnen Streifen unbehandelte Zitronenschale hinzufügen (im Bild rechts).

## Info

Zitronenschale wurde erstmals 2006 in einem James-Bond-Film verwendet, in den früheren Filmen kam eine grüne Olive mit Stein (in Lake) ins Glas. Im Ursprungsrezept nahm man Kina Lillet Vermouth, der seit 1987 nicht mehr hergestellt wird. Die Bezeichnung „Martini" sorgt für etwas Verwirrung, denn es ist zwar eine sehr bekannte Wermutmarke, in den Bond-Martini gehört diese Zutat jedoch nicht. Geschüttelt ist er anfangs trüb – im Gegensatz zum gerührten Martini, der von Anfang an klar bleibt.

# Der Cocktail für Agenten

Wie möchten Sie Ihren Martini? Gerührt oder geschüttelt? Wie oft diese Frage in einem James-Bond-Film gestellt wurde, das hat noch niemand genau nachgezählt. Beantwortet wurde sie meistens jedoch mit einem „geschüttelt".

Warum das so ist, dazu gibt es eine wissenschaftliche Theorie. Der im Shaker zubereitete Martini soll einen Tick kühler sein als der gerührte, weil sich das Eis beim Schütteln aufsplittert und so die Kälte besser verteilt wird.

Heiß diskutiert wird hingegen das korrekte Mischungsverhältnis. Üblich sind 6 cl Gin und 1 cl Wermut. Puristen benetzen nur das Glas mit Wermut, andere nehmen nur einen Eiswürfel her, über den Wermut gegossen wurde. Und Churchill war der Ansicht: „Der trockenste Martini ist eine Flasche guten Gins, die mal neben einer Wermutflasche gestanden hat."

# Hugo

**FÜR 1 DRINK:** 2 unbehandelte Limettenspalten heiß waschen, trocken reiben und in Stücke schneiden. In ein großes Rotweinglas legen und mit 2 cl Holunderblütensirup, 3–4 gewaschenen Minzeblättern und einigen Eiswürfeln mischen.

Dann mit 125 ml Prosecco und 50 ml Mineralwasser mit Kohlensäure auffüllen und 1 unbehandelte Limettenscheibe an den Glasrand stecken (in der Bildmitte).

## Tipp

Beim Hugo können Sie Prosecco und Wasser in der Menge variieren. Und statt Prosecco eignet sich auch Weißwein. Für eine alkoholfreie Variante anstelle von Prosecco einfach Wasser verwenden.

# Bellini

**FÜR 1 DRINK:** 3 cl gekühltes weißes Pfirsichpüree (Fertigprodukt oder selbst gemacht; siehe Tipp) erst mit 1 Schuss Prosecco in einem Prosecco-Glas verrühren.

Dann mit 8 cl gut gekühltem Prosecco aufgießen und mit einem Barlöffel einmal umrühren (im Bild rechts).

## Tipp

Sollte dem Püree noch etwas Zucker fehlen, mit etwas Zuckersirup nachsüßen: dafür 100 ml Wasser mit 100 g Zucker in einem Topf verrühren und einmal aufkochen und abkühlen lassen. Der Sirup hält sich gut verschlossen im Kühlschrank mehrere Wochen.
Für das Pfirsichpüree 1 reifen Pfirsich waschen, halbieren und entsteinen. Die Hälften mit einem Messer oder dem Sparschäler schälen, grob zerkleinern und in einem hohen Rührbecher mit 5 EL Prosecco mit dem Stabmixer cremig pürieren.

# Ein Drink, drei Väter

Der Hugo ist ein Weltenbummler: In der Grundvariante ist er nichts anderes als ein G'spritzter, also eine Weißweinschorle, die schon lange in Österreich weitverbreitet war und von dort aus nach Venedig exportiert wurde. Bei der Besetzung der Lagunenstadt wollten die österreichischen Truppen einfach eine leichte Alternative zum Wein haben.

In Venedig wurde dann aus dem Spritz, den es heutzutage in vielen Varianten gibt (mit Weißwein oder Prosecco, mit Aperol oder Campari), im Laufe der Jahre der Veneziano. Der machte sich gleich auch auf den Weg in den Norden. Irgendwo auf der Durchreise, vermutlich in Südtirol, ist die Variante mit Holunderblütensirup, der Hugo, entstanden.

Nichts anderes als ein Spritz ist auch ein Bellini – zum ersten Mal gemixt in Harry's Bar in Venedig: Prosecco oder Champagner mit weißem Pfirsichpüree.

# Caipirinha

**FÜR 1 DRINK:** 1 unbehandelte Limette heiß waschen, trocken reiben und die Enden entfernen. Die Limette achteln und die Stücke mit 2 EL braunem oder weißem Rohrzucker in einem Tumbler-Glas mit einem Caipirinha-Stößel gut zerdrücken.

Crushed Ice hinzufügen und alles mit 6 cl Cachaça (Zuckerrohrschnaps) übergießen. Kurz durchrühren und mit Trinkhalm servieren (im Bild rechts).

# Margarita

**FÜR 1 DRINK:** Für den Salzrand jeweils etwas Limettensaft und etwas Salz (z.B. Fleur de Sel oder zerbröseltes Pyramidensalz) auf einen kleinen Teller geben. Den Glasrand der vorgekühlten Cocktailschale leicht in den Limettensaft tauchen und kurz abtropfen lassen. Dann ins Salz tauchen und mit den Fingern vorsichtig gegen das Glas klopfen, sodass überschüssiges Salz abfällt.

3 cl frisch gepressten Limettensaft, 2 cl Triple Sec Curaçao (Orangenlikör) und 5 cl weißen Tequila in einem Blender mit Crushed Ice leicht durchmixen und durch ein Barsieb in das Glas seihen (im Bild links).

## Tipp

Wer kein Salz in der Margarita möchte, lässt einfach zum Nippen ein Viertel des Glasrandes frei vom Salzrand – der Drink wird ohne Strohhalm serviert.

# Margarita gab es wirklich

Mexiko und Brasilien – das sind die beiden Heimatländern der zwei vermutlich populärsten Drinks der Welt. Die Margarita (spanisch für Gänseblümchen) ist ein Cocktail auf Basis von Tequila und rinnt statistisch gesehen etwa 185 000 Mal in der Stunde durch amerikanische Gurgeln. Benannt wurde der Gänseblümchen-Drink angeblich 1938 oder 1939 in einer Bar in Tijuana – wahlweise nach dem Revuegirl Marjorie King oder der Tänzerin Margarita de la Rosa aus Guadalajara.

Etwas einfacher ist die Namensgebung des Caipirinhas. Wenn man das brasilianische Wort übersetzt, dann kommt etwas Beleidigendes heraus. Das heißt nämlich so viel wie Hinterwäldler. Aber Nomen muss nicht immer Omen sein, denn aus diesem Landei wurde tatsächlich ein Weltstar.

# Gin Tonic

**FÜR 1 DRINK:** 4 cl Gin in ein vorgekühltes Longdrinkglas (oder Highball-Glas) geben und mit 100 bis 150 ml gekühltem Tonic Water aufgießen.

Mit Eiswürfeln langsam bis fast zum Rand auffüllen und mit dem Cocktailstab vorsichtig verrühren. Zum Servieren den Glasrand mit 1 unbehandelten Zitronen- oder Limettenscheibe garnieren (im Bild rechts).

### Tipp

Das Mischungsverhältnis von Gin und Tonic Water variiert je nach Geschmack von 1:1 bis 1:4. Und nach Belieben können Sie statt Zitrone 1 Gurkenscheibe in den Drink legen oder das Getränk noch mit Kräutern, Gewürzen und Fruchtstücken verfeinern.

# Negroni

**FÜR 1 DRINK:** Einen Tumbler mit Eiswürfeln füllen und je 2 cl Gin, Campari und roten Wermut hinzufügen, dann alles durchrühren.

½ unbehandelte Orangenscheibe (alternativ je 1 Streifen unbehandelte Orangen- oder Zitronenschale) hinzufügen. Nach Belieben noch mit 1 Schuss Mineralwasser mit Kohlensäure auffüllen und servieren (im Bild links).

## Italo-Graf als Westernstar

Er war Rinderbaron, Rodeoreiter und Glücksritter. Der italienische Graf Camillo Negroni (1868–1934). Ganz standesgemäß für derlei zweifelhafte Persönlichkeiten floh der in der Nähe von Florenz geborene Blaublütler vor seinem unehelichen Kind in die USA und wurde reich. Und ganz italienischer Patriot zog es ihn später wieder in die Heimat zurück. Im florentinischen Caffè Casoni orderte der Graf einen Americano (Campari, Wermut und Soda), aber ein bisschen stärker. Flugs ersetzte der Barkeeper das Sodawasser durch Gin – der Negroni war geboren.

Weniger fantastisch ist die Geschichte des Gin Tonic. Denn den haben die Briten in Indien erfunden, als ihnen das chininhaltige und angeblich gegen Malaria helfende Tonic-Wasser zu langweilig wurde und sie es deshalb mit Gin „streckten".

# Ingwereistee mit Orange und Minze

**FÜR 4 PERSONEN:** In einem Topf 1 ½ l Wasser mit 1 gehäuften EL Zucker aufkochen und so lange unter Rühren köcheln lassen, bis sich der Zucker vollständig aufgelöst hat. Den Topf vom Herd nehmen. 2 grüne Kardamomkapseln andrücken. ¼ Vanilleschote der Länge nach halbieren und das Mark mit einem spitzen Messer herauskratzen.

Vanilleschote und -mark, Kardamom, 25 g getrockneten, geschroteten Ingwer, 6 Streifen unbehandelte Orangenschale, 125 ml Orangensaft, 3 Streifen unbehandelte Zitronenschale und 1 EL Zitronensaft, 1 bis 2 Splitter Zimtrinde und 1 Gewürznelke hinzufügen. Die Mischung etwa 20 Minuten ziehen lassen.

Anschließend den Ingwertee durch ein feines Sieb gießen und noch 1 bis 2 Stunden kühl stellen. Zum Servieren pro Person jeweils einige Eiswürfel, 2 Scheiben Ingwer und 1 kleinen Stiel Minze in ein Glas geben und mit dem gekühlten Ingwertee aufgießen.

## Tipp

Der Ingwereistee schmeckt auch heiß sehr gut. Sie können ihn in der kalten Jahreszeit wie einen Punsch servieren.

# Ohne Ingwer geht es nicht!

„Schuhbeck ohne Ingwer – das ist theoretisch möglich, aber völlig sinnlos." So nimmt Sternekoch Alfons Schuhbeck sich selbst und seinen „Ingwer-Tick" auf den Arm. Seine Gewürz-Geheimwaffe kombiniert er bekanntlich gerne mit Knoblauch – in diesem Fall aber nicht. Hier macht er aus dem Ingwer einen Eistee. Der wiederum wurde nicht von Schuhbeck erfunden, sondern stammt aus den USA.

Angeblich hat der Engländer Richard Blechynden, Tee-Lobbyist auf der Weltausstellung in St. Louis, großen Anteil daran. Ausgerechnet im Jahrhundertsommer 1904 sollte Blechynden dort die Amerikaner vom schwarzen Tee überzeugen. Und so kühlte er das Heißgetränk einfach herunter, den Gästen schmeckte der Eistee – und der Rest ist eine große Erfolgsgeschichte.

# Register

## A

**Apfel**
Apfelkücherl im Bierteig 102
Apfelstrudel 98
Bismarckhering mit Roter Bete in Holunderblütenmarinade 14
Sauerbraten „Jupp Heynckes" 86
Schwäbische Maultaschen auf Spitzkraut 42

**Avocado**
Avocado-Salsa 29
King-Sandwich 24

## B

Bayerische Bouillabaisse 34
Bayerisches Eisbein 60
Bayerisches Tiramisu 94

**Beeren**
Apfelkücherl im Bierteig 102
Apfelstrudel 98
Bayerisches Tiramisu 94
Crêpes Suzette 96
Eisbombe „Fürst Pückler" 92
Pfirsich Melba 90

**Bier**
Apfelkücherl im Bierteig 102
Bayerisches Tiramisu 94

Bismarckhering mit Roter Bete in Holunderblütenmarinade 14

**Blaubeeren**
Apfelstrudel 98
Bayerisches Tiramisu 94
Crêpes Suzette 96

Bœuf Stroganoff mit Tagliatelle 84

**Bohnen**
Geräuchertes Chili con Carne 36
Hotdog à la Rolling Stones 22

Bouillabaisse, bayerische 34
Braune Butter (Tipp) 17
Brezn-Weißwurst-Knödel mit Senfsauce 46

## C

Caesar Salad 12
Carpaccio mit Zitronenschmand 8
Chili con Carne, geräuchertes 36
Chilisalz, selbst gemachtes (Tipp) 8
Chilisauce 29
Chips und Dips 29
Crêpes Suzette 96
Currywurst mit Pommes 50

## D

**Dips**
Avocado-Salsa 29
Bayerische Bouillabaisse 34
Bismarckhering mit Roter Bete in Holunderblütenmarinade 14
Chilisauce 29
Chips und Dips 29
Geräuchertes Chili con Carne 36
Limettendip (Tipp) 29
Pfirsich Melba 90

## E

**Eier**
Carpaccio mit Zitronenschmand 8
King-Sandwich 24
Schuhbecks Tatar mit Kartoffeln 10

**Eis**
Eisbombe „Fürst Pückler" 92
Pfirsich Melba 90

Eisbein, bayerisches 60
Elvis-Sandwich 24

**Erdbeeren**
Bayerisches Tiramisu 94
Eisbombe „Fürst Pückler" 92

## F

**Fisch**
Bayerische Bouillabaisse 34
Bismarckhering mit Roter Bete in Holunderblütenmarinade 14
Risotto „Giuseppe Verdi" mit Seeteufel 54
Flammkuchen „Laurentius" mit mariniertem Blattsalat 40

## G

**Garnelen**
Bayerische Bouillabaisse 34
Caesar Salad 12
Huhn Marengo 58
King-Sandwich 24

**Gemüse**
Hamburger mit Barbecue-Salat 76
Rinderfilet „Pavarotti" mit Marktgemüse 82
Geräuchertes Chili con Carne 36
**Gröstel:** Münchner Cordon bleu mit Kartoffel-Spargel-Gröstel 68

## H

**Hackfleisch**
Geräuchertes Chili con Carne 36
Hamburger mit Barbecue-Salat 76
Kartoffelsuppe mit Fleischpflanzerl 32

Königsberger Klopse 74
Schuhbecks Tatar mit
Kartoffeln 10
Schwäbische Maultaschen
auf Spitzkraut 42

**Hähnchen**
Caesar Salad 12
Huhn Marengo 58
Hamburger mit Barbecue-Salat 76

**Himbeeren**
Apfelstrudel 98
Crêpes Suzette 96
Pfirsich Melba 90
Hotdog à la Rolling Stones 22
Huhn Marengo 58

# K

Kaiserschmarrn, karamellisierter 106

**Kalbfleisch**
Kartoffelsuppe mit Fleischpflanzerl 32
Königsberger Klopse 74
Münchner Cordon bleu mit
Kartoffel-Spargel-Gröstel 68
Schwäbische Maultaschen
auf Spitzkraut 42
Wiener Schnitzel mit
Kräuter-Kartoffel-Salat 70
Karamellisierter Kaiserschmarrn 106

**Karotten**
Bayerische Bouillabaisse 34
Bayerisches Eisbein 60
Bœuf Stroganoff mit Tagliatelle 84
Chips und Dips 29

Flammkuchen „Laurentius" mit
mariniertem Blattsalat 40
Kartoffelsuppe mit Fleischpflanzerl 32
Leberkäsnockerlsuppe 21
Münchner Cordon bleu mit
Kartoffel-Spargel-Gröstel 68
Rinderfilet „Pavarotti" mit
Marktgemüse 82
Sauerbraten „Jupp Heynckes" 86
Schweinebraten mit Semmelknödel und Krautsalat 62
Tournedos „Rossini" mit Spargel
und Romanesco 80

**Kartoffeln**
Bayerisches Eisbein 60
Bismarckhering mit Roter Bete
in Holunderblütenmarinade 14
Chips und Dips 29
Currywurst mit Pommes 50
Geräuchertes Chili con Carne 36
Hotdog à la Rolling Stones 22
Kartoffeln mit Kräuterquark
„Kneipp" 38
Kartoffelsuppe mit Fleischpflanzerl 32
Leberkäs-Schnitzel mit
Bratkartoffeln 19
Münchner Cordon bleu mit
Kartoffel-Spargel-Gröstel 68
Sauerbraten „Jupp Heynckes" 86
Schuhbecks Tatar mit
Kartoffeln 10
Wiener Schnitzel mit
Kräuter-Kartoffel-Salat 70
King-Sandwich 24

**Knödel**
Brezn-Weißwurst-Knödel
mit Senfsauce 46
Königsberger Klopse 74
Schweinebraten mit Semmelknödel und Krautsalat 62
Knuspriges Leberkäs-Sandwich 17

**Kohl**
Schwäbische Maultaschen
auf Spitzkraut 42
Schweinebraten mit Semmelknödel und Krautsalat 62
Königsberger Klopse 74
**Krapfen:** Vanillekrapfen 100

# L

**Laugenstangen**
Brezn-Weißwurst-Knödel mit
Senfsauce 46
Knuspriges Leberkäs-
Sandwich 17

**Leberkäse**
Knuspriges Leberkäs-
Sandwich 17
Leberkäsnockerlsuppe 21
Leberkäs-Schnitzel mit
Bratkartoffeln 19
Limettendip (Tipp) 29

# M

**Mais**
Geräuchertes Chili con Carne 36
Hotdog à la Rolling Stones 22

**Maultaschen**
Rote-Bete-Maultaschen mit
Mohnbutter 44
Schwäbische Maultaschen
auf Spitzkraut 42

**Mohn:** Rote-Bete-Maultaschen mit Mohnbutter 44
**Münchner Cordon bleu** mit Kartoffel-Spargel-Gröstel 68

## N

**Nockerl:** Leberkäsnockerlsuppe 21
**Nudeln**
    Bœuf Stroganoff mit Tagliatelle 84
    Rote-Bete-Maultaschen mit Mohnbutter 44
    Schwäbische Maultaschen auf Spitzkraut 42
    Spaghetti „Sophia Loren" 52

## P/Q

**Paprika**
    Geräuchertes Chili con Carne 36
    Hamburger mit Barbecue-Salat 76
    Schwäbische Maultaschen auf Spitzkraut 42
**Parmesan**
    Caesar Salad 12
    Risotto „Giuseppe Verdi" mit Seeteufel 54
    Spaghetti „Sophia Loren" 52
**Pfirsich Melba** 90
**Pflaumen:** Karamellisierter Kaiserschmarrn 106
**Pilze**
    Bayerische Bouillabaisse 34
    Bœuf Stroganoff mit Tagliatelle 84
    Flammkuchen „Laurentius" mit mariniertem Blattsalat 40

Huhn Marengo 58
Risotto „Giuseppe Verdi" mit Seeteufel 54
**Pommes:** Currywurst mit Pommes 50
**Quark**
    Karamellisierter Kaiserschmarren 106
    Kartoffeln mit Kräuterquark „Kneipp" 38

## R

**Reis**
    Königsberger Klopse 74
    Risotto „Giuseppe Verdi" mit Seeteufel 54
**Rindfleisch**
    Bœuf Stroganoff mit Tagliatelle 84
    Carpaccio mit Zitronenschmand 8
    Geräuchertes Chili con Carne 36
    Hamburger mit Barbecue-Salat 76
    King-Sandwich 24
    Rinderfilet „Pavarotti" mit Marktgemüse 82
    Sauerbraten „Jupp Heynckes" 86
    Schuhbecks Tatar mit Kartoffeln 10
    Tournedos „Rossini" mit Spargel und Romanesco 80
    Risotto „Giuseppe Verdi" mit Seeteufel 54
**Romanesco:** Tournedos „Rossini" mit Spargel und Romanesco 80
**Rotkohl:** Sauerbraten „Jupp Heynckes" 86

**Rote Bete**
    Bismarckhering mit Roter Bete in Holunderblütenmarinade 14
    Chips und Dips 29
    Rote-Bete-Maultaschen mit Mohnbutter 44

## S

**Salat**
    Caesar Salad 12
    Flammkuchen „Laurentius" mit mariniertem Blattsalat 40
**Sandwich**
    Elvis-Sandwich 24
    King-Sandwich 24
    Knuspriges Leberkäs-Sandwich 17
    Sauerbraten „Jupp Heynckes" 86
**Schnitzel**
    Leberkäs-Schnitzel mit Bratkartoffeln 19
    Münchner Cordon bleu mit Kartoffel-Spargel-Gröstel 68
    Wiener Schnitzel mit Kräuter-Kartoffel-Salat 70
**Schokolade:** Eisbombe „Fürst Pückler" 92
    Schuhbecks Tatar mit Kartoffeln 10
    Schwäbische Maultaschen auf Spitzkraut 42
**Schweinefleisch**
    Bayerisches Eisbein 60
    Kartoffelsuppe mit Fleischpflanzerl 32
    Schweinebraten mit Semmelknödel und Krautsalat 62

**Semmelknödel:** Schweinebraten mit Semmelknödel und Krautsalat 62
Spaghetti „Sophia Loren" 52

**Spargel**
    Bœuf Stroganoff mit Tagliatelle 84
    Münchner Cordon bleu mit Kartoffel-Spargel-Gröstel 68
    Risotto „Giuseppe Verdi" mit Seeteufel 54
    Tournedos „Rossini" mit Spargel und Romanesco 80
**Spitzkraut:** Schwäbische Maultaschen auf Spitzkraut 42

## T

Tatar, Schuhbecks, mit Kartoffeln 10
Tiramisu, bayerisches 94
**Tomaten**
    Caesar Salad 12
    Carpaccio mit Zitronenschmand 8
    Chips und Dips 29
    Hamburger mit Barbecue-Salat 76
    Huhn Marengo 58
    King-Sandwich 24
Königsberger Klopse 74
Tournedos „Rossini" mit Spargel und Romanesco 80

## V/W

Vanillekrapfen 100
**Weißkohl:** Schweinebraten mit Semmelknödel und Krautsalat 62
**Weißwurst**
    Brezn-Weißwurst-Knödel mit Senfsauce 46
    Münchner Cordon bleu mit Kartoffel-Spargel-Gröstel 68
    Wiener Schnitzel mit Kräuter-Kartoffel-Salat 70
**Wirsing:** Bayerisches Eisbein 60
**Wurst**
    Brezn-Weißwurst-Knödel mit Senfsauce 46
    Currywurst mit Pommes 50
    Hotdog à la Rolling Stones 22
    Münchner Cordon bleu mit Kartoffel-Spargel-Gröstel 68
    Schwäbische Maultaschen auf Spitzkraut 42

## Drinks

Bellini 120
Bloodless Mary 112
Bloody Mary 112
Caipirinha 122
Champagner 110
Gin Tonic 124
Hugo 120
Ingwereistee mit Orange und Minze 126
Kir Royal 110
Margarita 122
Martini gerührt 118
Martini geschüttelt, nicht gerührt 118
Negroni 124
Sangria 114
Sangria-Flip (Tipp) 114
Sangria-Shake 114

# Wegweiser zu den Sendungen 2018

### Folge 1

Brezn-Weißwurst-Knödel mit Senfsauce   46

Rinderfilet „Pavarotti" mit Marktgemüse   82

Eisbombe „Fürst Pückler"   92

.....................

### Folge 2

Hotdog à la Rolling Stones   22

Flammkuchen „Laurentius" mit mariniertem Blattsalat   40

Münchner Cordon bleu mit Kartoffel-Spargel-Gröstel   68

.....................

### Folge 3

Schuhbecks Tatar   10

Spaghetti „Sophia Loren"   52

Bayerische Bouillabaisse   34

### Folge 4

Hamburger mit Barbecue-Salat   76

Tournedos „Rossini" mit Spargel und Romanesco   80

Apfelkücherl im Bierteig   102

.....................

### Folge 5

Caesar Salad   12

Zweierlei Maultaschen:

Schwäbische Maultaschen auf Spitzkraut   42

Rote-Bete-Maultaschen mit Mohnbutter   44

Bayerisches Eisbein   60

.....................

### Folge 6

Kartoffeln mit Kräuterquark „Kneipp"   38

Geräuchertes Chili con Carne   36

Wiener Schnitzel mit Kräuter-Kartoffel-Salat   70

## Folge 7

Risotto „Giuseppe Verdi" mit Seeteufel  54
Schweinebraten mit Semmelknödel
und Krautsalat  62
Bayerisches Tiramisu  94

· · · · · · · · · · · · · · · · · ·

## Folge 8

Carpaccio mit Zitronenschmand  8
Königsberger Klopse  74
Karamellisierter Kaiserschmarrn  106

· · · · · · · · · · · · · · · · · ·

## Folge 9

Currywurst mit Pommes  50
Sauerbraten „Jupp Heynckes"  86
Pfirsich Melba  90

## Folge 10

Variation vom Leberkäs:
Knuspriges Leberkäs-Sandwich  17
Leberkäs-Schnitzel  19
Leberkäsnockerlsuppe  21
Huhn Marengo  58

· · · · · · · · · · · · · · · · · ·

## Folge 11

Elvis-Sandwich & King-Sandwich  24
Bismarckhering mit Roter Bete
in Holunderblütenmarinade  14
Bœuf Stroganoff mit Tagliatelle  84

· · · · · · · · · · · · · · · · · ·

## Folge 12

Chips und Dips  29
Kartoffelsuppe mit Fleischpflanzerl  32
Apfelstrudel  98

## Willkommen bei Alfons Schuhbeck!

Alfons Schuhbecks Sternerestaurant „Fine Dining im Boettners" liegt am historischen Platzl, im Herzen von München. Hier finden Sie auch seine Restaurants „Südtiroler Stuben" sowie das „Orlando", seinen Eissalon, seine „Sportsbar", seinen Gewürz-, Tee-, Schokoladen- sowie Müsliladen. Die Produkte von Alfons Schuhbeck können Sie bequem im Online-Shop bestellen. Weitere Informationen erhalten Sie im Internet, telefonisch oder persönlich am Platzl.

Schuhbecks | Platzl 2 | 80331 München
Tel.: 089/21 66 90 - 0 | www.schuhbeck.de | www.schuhbeck-gewuerze.de

## Bildnachweis

**Umschlag:**
Cover Foodfotos rechts oben und links unten: Mathias Neubauer
Cover oben links (Porträtfoto): Stefan Braun
Cover unten rechts: mauritius images/Science Source/LOC
Buchrückseite Foodfotos: Mathias Neubauer

**Innenteil:**
S. 2: oben links: Mathias Neubauer; oben rechts: mauritius images/Westend 61/Michael Malorny; Mitte links: Mathias Neubauer; Mitte rechts: mauritius images/Glasshouse/Jason Langer; unten links: Mathias Neubauer; unten rechts: mauritius images/foodcollection
S. 5 und 136 (Porträtfotos): Stefan Braun

S. 26/27 mauritius images/V. Kilian;
S. 48/49 mauritius images/Westend 61/Michael Malorny;
S. 67 StockFood/Eising Studio – Food Photo und Video;
S. 79 mauritius images/Glasshouse/Jason Langer;
S. 104/105 mauritius images/foodcollection;
S. 117 StockFood/foodcollection

# Im ZS Verlag sind von Alfons Schuhbeck unter anderem folgende Bücher erschienen:

Meine neubayerische Küche
ISBN 978-3-89883-682-1

Mal so, mal so – meine
flexitarische Küche
ISBN 978-3-89883-594-7

Bayerisch al dente
ISBN 978-3-89883-495-7

Meine Festtagsküche
ISBN 978-3-89883-858-0

Meine bayerische Kochschule
ISBN 978-3-89883-370-7

Meine Küchengeheimnisse
ISBN 978-3-89883-277-9

Meine Küchengeheimnisse 2
ISBN 978-3-89883-296-0

Meine bayerische Küche
(Neuausgabe)
ISBN 978-3-89883-281-6

Schuhbecks Welt
der Kräuter & Gewürze
ISBN 978-3-89883-499-5

Meine schnellen Rezepte
ISBN 978-3-89883-761-3

Italienische Leckerbissen
ISBN 978-3-89883-595-4

© Stefan Braun

**ALFONS SCHUHBECK**

Der Meisterkoch, Autor und Unternehmer ist ein wahres Multitalent. In seinen Lehr- und Wanderjahren hat er seinen Horizont in Genf erweitert, in den Schmelztiegel Paris hineingeschnuppert und das Asien-geprägte London erkundet. Und von dort ein großes Wissen über Geschmäcke und Gewürze mitgebracht, die seiner bayerischen Küche etwas Besonderes geben.

© 2018 ZS Verlag GmbH
Kaiserstraße 14 b
D-80801 München

ISBN 978-3-89883-816-0
2. Auflage 2018

**Projektleitung:** Alexandra Gudzent
**Rezeptküche:** Monika Reiter
**Redaktionelle Mitarbeit & Lektorat:** Kathrin Gritschneder
**Vorwort und Texte:** Rudolf Bögel
**Grafisches Konzept:** Melville Brand Design
(Lars Harmsen, Florian Brugger)
**Grafische Gestaltung:** Georg Feigl
**Foodfotografie:** Mathias Neubauer
**Foodstyling:** Manuel Weyer / Culinary Art
**Porträt- und Landschaftsfotos:** s. Bildnachweis S. 134
**Herstellung & Producing:** Frank Jansen, Jan Russok
**Druck & Bindung:** optimal media GmbH, Röbel

Kurze Wege schonen die Umwelt
Dieses Buch wurde in Deutschland gedruckt

In Zusammenarbeit mit dem BR Fernsehen in Lizenz durch die BRmedia Service GmbH

Die ZS Verlag GmbH ist ein Unternehmen der Edel AG, Hamburg.
www.zsverlag.de | www.facebook.com/zsverlag

Alle Rechte vorbehalten. All rights reserved.
Das Werk darf – auch teilweise – nur mit Genehmigung des Verlags wiedergegeben werden.

# Noch ein Schmankerl gefällig?

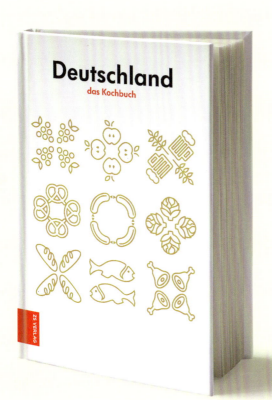

Alfons Schuhbecks kulinarische Länderbibel ist das große Nachschlagewerk mit 500 typischen Basisgerichten für Liebhaber und Entdecker der deutschen Küche. Von der Nordseeküste bis zu den Alpen, vom Niederrhein bis zur Mecklenburgischen Seenplatte — so abwechslungsreich sich die Landschaften präsentieren, so vielfältig spiegelt sich das in der Kochkunst wider: Hamburger Aalsuppe, bayerischer Obatzda, rheinischer Sauerbraten und Berliner Luft sind nur einige der echten Küchen-Klassiker, die die deutsche Küche zu bieten hat. Ein Augen- und Gaumenschmaus der Extraklasse.

---

Alfons Schuhbeck
**Deutschland — das Kochbuch**
€ [D] 39,00
ISBN 978-3-89883-697-5

# Gleich weiterkochen!

Jetzt überall, wo es gute Bücher gibt.